나는 어떤 유형의 탕자인가?

예수님의 비유 시리즈 02

열린다 비유
돌아온 탕자 이야기

지은이 | 류모세
초판 발행 | 2011년 5월 30일
10쇄 발행 | 2021년 2월 10일
등록번호 | 제3-203호
등록된 곳 | 서울특별시 용산구 서빙고동 95번지
발행처 | 사단법인 두란노서원
영업부 | 2078-3333   FAX 080-749-3705
출판부 | 2078-3477

책 값은 뒤표지에 있습니다.
ISBN 978-89-531-1604-7 03230

편집부에서 독자의 의견을 기다립니다.
tpress@duranno.com   http://www.Duranno.com

예수님의 비유 시리즈 02

열린다
비유

돌아온 탕자 이야기

류모세
지음

두란노

차
례

성경을 주신
하나님에 대한 예의

　매번 그렇지만 새로운 주제로 책을 써 나가는 과정은 누구보다 나 자신에게 기쁨과 행복을 가져다준다. 100번 배울 때보다 한 번 가르칠 때 비로소 그것이 나의 것이 된다. 자신의 것으로 완전히 소화시키지 못한 것을 가르친다면 가르치는 사람이나, 그것을 배우는 사람 모두에게 고통의 시간이 된다.

　이것이 어디 가르칠 때뿐이겠는가? 책을 쓸 때도 마찬가지이리라. 《열린다 성경》 시리즈의 2탄으로 《열린다 비유》를 기획하면서 나는 '선한 사마리아인의 비유', '돌아온 탕자의 비유' 등 굵직굵직한 비유들, 그래서 내가 《열린다 비유》를 통해서 다루고자 계획한 비유들을 한 절 한 절, 그리고 전후의 문맥들을 깊이 묵상하는 시간을 가졌다. 잘근잘근 씹고 또 씹는 과정을 반복했으며 각종 주석과 참고문헌을 뒤적거리며 공부의 긴 여정을 떠났다.

　혹자는 책을 쓰는 과정에서 스트레스를 받지 않느냐고 물어 본다. 하지만 내게는 책을 쓰는 과정이 새로운 앎의 세계로 나를 끌어들이는 흥미진진하고 박진감 넘치는 시간이다. 책을 읽는 독자보다 책을 써 내려가는 저자의 속도가 더 빨라 미처 저자를 따라잡기가 벅차다는 독자도 간혹 만난다. 그럴 때면 으레 이렇게 대답하곤 한다.

"굳이 제 속도에 맞추실 필요 없어요. 그냥 천천히, 자기의 상황에 맞게 천천히 따라오시면 됩니다."

《열린다 비유》를 통해 하나의 비유를 가지고 한 권의 책을 쓰고자 계획한다고 말했을 때 많은 분들은 의아한 표정을 지으며 이렇게 말했다. "과연 한 가지의 비유에 한 권의 책을 쓸 만큼 콘텐츠가 있을까?"라고. 그럴 때면 이렇게 우스갯소리로 답하곤 했다.

"《열린다 비유》는 대학 시절 선교단체에서 8년과 성경의 땅 이스라엘에서 11년, 이렇게 19년의 세월 동안 성경을 묵상한 장인이 한 땀 한 땀 흘려 일궈 낸 거지요."

《열린다 비유》에서 다룬, 그리고 다룰 계획인 비유들은 이미 목사님의 설교를 통해 우리가 수없이 들어 온 것들이다. '해 아래 새 것이 없다'고 하지만 나는 비유 하나를 가지고 한 권의 책을 계획하면서 '해 아래 새로운 것이 무척이나 많다'는 사실을 깨달았다.

그렇다. 유대적 배경에서 이해하는 예수님의 비유 여행은 분명 우리에게 새로운 경험이 될 것이다. 후세의 교부들과 신학자들이 제시한 '해석자'의 자리가 아니라 예수님의 발밑에서 직접 비유를 듣던 1세기 유대인들이 깔아 놓은 '청중'의 자리에 비집고 들어가 앉는다면 이전에 보지 못하던 세상이 보이리라. 그것이 《열린다 비유》를 계획한 나의 기대요 흥분이었다.

독일의 MK스쿨에서 공부하는 아들 찬영이가 부활절 방학을 맞아 2주간 한국을 방문했다. 지난번 크리스마스 방학 때도 그런 것처럼 나는 인터넷서점을 뒤져 찬영이가 읽으면 좋을 책들을 주문했다. 그중 청소년 부문에서 주목받는 책이 눈에 띄었다.

《공부는 내 인생에 대한 예의다》(이형진, 쌤앤파커스).

SAT 시험 만점에 아이비리그 대학 9개 동시 합격을 이룬 이형진 군의 자전적 에세이집이다. 처음에는 그저 공부하는 비법을 소개한 책이 아닌가 싶었는데 읽다 보니 삶에 대한, 특히 공부에 대한 철학을 담고 있는 책이었다. 과연 이 책을 고교 졸업생이 썼을까 싶은 의구심이 들 만큼 비범해 보였다.

나는 이 책을 읽으면서 하나님께서 우리에게 주신 '성경'에 대해 생각했다. '공부는 내 인생에 대한 예의'라고 주장하는 이형진 군처럼 나는 '성경은 내 인생에 대한 예의'라고 주장하고 싶다. 하나님께서 인생들에게 주신 계시의 말

열린다 비유
돌아온 탕자 이야기

씀인 성경! 그 성경을 대하는 우리의 자세는 과연 어떤가? 주일이면 일주일 내내 거들떠보지도 않아 수북이 쌓인 먼지를 걷어 내고 교회로 향하고 있지는 않은가? 그나마 요즘은 웬만한 교회의 예배에서 말씀을 영상으로 쏴 주니까 귀찮게(?) 성경을 가지고 다닐 필요도 없게 되었다.

세상적인 출세와 성공을 위해서도 우리는 얼마나 많은 시간을 투자해 암기하고 문제집을 반복해서 풀고 했는가. 그런데 성경은 어떤가?

성경을 읽고 묵상하고 암송하는 것은 이 성경을 우리에게 주신 하나님께 대한 최소한의 예의가 아닐까? 세상 공부처럼 과목이 많은 것도 아니다. 그지 휘 귀의 책, 성겼일 뿐이다

《열린다 성경》에 이은 《열린다 비유》 시리즈도 우리로 하여금 이 성경에 더 가까이 나아가도록 도와주는 작은 도구가 되었으면 좋겠다.

2011. 05.

류모세

돌아온 탕자의 비유
성경 구절

누가복음 15장 11~32절

11 또 이르시되 어떤 사람에게 두 아들이 있는데

12 그 둘째가 아버지에게 말하되 아버지여 재산 중에서 내게 돌아올 분깃을 내게 주소서 하는지라 아버지가 그 살림을 각각 나눠 주었더니

13 그 후 며칠이 안 되어 둘째 아들이 재물을 다 모아 가지고 먼 나라에 가 거기서 허랑방탕하여 그 재산을 낭비하더니

14 다 없앤 후 그 나라에 크게 흉년이 들어 그가 비로소 궁핍한지라

15 가서 그 나라 백성 중 한 사람에게 붙여 사니 그가 그를 들로 보내어 돼지를 치게 하였는데

16 그가 돼지 먹는 쥐엄 열매로 배를 채우고자 하되 주는 자가 없는지라

17 이에 스스로 돌이켜 이르되 내 아버지에게는 양식이 풍족한 품꾼이 얼마나 많은가 나는 여기서 주려 죽는구나

18 내가 일어나 아버지께 가서 이르기를 아버지 내가 하늘과 아버지께 죄를 지었사오니

19 지금부터는 아버지의 아들이라 일컬음을 감당하지 못하겠나이다 나를 품꾼의 하나로 보소서 하리라 하고

20 이에 일어나서 아버지께로 돌아가니라 아직도 거리가 먼데 아버지가 그를 보고 측은히 여겨 달려가 목을 안고 입을 맞추니

21 아들이 이르되 아버지 내가 하늘과 아버지께 죄를 지었사오니 지금부터는 아버지의 아들이라 일컬음을 감당하지 못하겠나이다 하나

22 아버지는 종들에게 이르되 제일 좋은 옷을 내어다가 입히고 손에 가락지를 끼우고 발에 신을 신기라

23 그리고 살진 송아지를 끌어다가 잡으라 우리가 먹고 즐기자

24 이 내 아들은 죽었다가 다시 살아났으며 내가 잃었다가 다시 얻었노라 하니 그들이 즐거워하더라

25 맏아들은 밭에 있다가 돌아와 집에 가까이 왔을 때에 풍악과 춤추는 소리를 듣고

26 한 종을 불러 이 무슨 일인가 물은대

27 대답하되 당신의 동생이 돌아왔으매 당신의 아버지가 건강한 그를 다시 맞아들이게 됨으로 인하여 살진 송아지를 잡았나이다 하니

28 그가 노하여 들어가고자 하지 아니하거늘 아버지가 나와서 권한대

29 아버지께 대답하여 이르되 내가 여러 해 아버지를 섬겨 명을 어김이 없거
늘 내게는 염소 새끼라도 주어 나와 내 벗으로 즐기게 하신 일이 없더니

30 아버지의 살림을 창녀들과 함께 삼켜 버린 이 아들이 돌아오매 이를 위
하여 살진 송아지를 잡으셨나이다

31 아버지가 이르되 얘 너는 항상 나와 함께 있으니 내 것이 다 네 것이로되

32 이 네 동생은 죽었다가 살아났으며 내가 잃었다가 얻었기로 우리가 즐
거워하고 기뻐하는 것이 마땅하다 하니라

열린다 비유
돌아온 탕자 이야기

chapter

01

바리새인과 서기관들은 왜 예수님을 비난했을까?

성서시대의 테이블 매너 (식탁 교제)

1세기 이스라엘 사회에서 종교적 주류를 차지하던 바리새인들의 눈에 예수님은 어떻게 비쳐졌을까? 확실한 사실은 예수님이 잘 짜인 사회 질서를 위반하고 제멋대로 행동하는 인물, 즉 사회적 일탈자로 인식되었다는 것이다. 예수님이 공개적으로 식탁 교제를 즐기던 세리와 죄인(창기)들은 바리새인들이 이방인처럼 혐오하던 그룹이었다.

'돌아온 탕자의 비유'는 '선한 사마리아인의 비유'와 함께 예수님의 많은 비유들 중에서 불신자들한테도 잘 알려진 유명한 스토리다. '돌아온 탕자의 비유'가 기록된 누가복음 15장은 잘 짜인 구조를 갖추고 있으며, 하나의 메시지를 웅변적으로 드러내고 있다. 그 메시지는 바로 '잃어버린 자'(outcast)에 대한 하나님 아버지의 사랑과 관심이다.

누가복음 15장 전체의 구조는 다음과 같이 요약할 수 있다.

> 1-2절: 죄인들과 함께 식사하는 예수님을 향한 바리새인과 서기관들의
> 비난
> 3-32절: 바리새인과 서기관들의 비난에 대한 예수님의 맞대응
> 4-7절: 잃어버린 양의 비유
> 8-10절: 잃어버린 동전의 비유
> 11-32절: 잃어버린 아들의 비유(이른바 '돌아온 탕자의 비유')

'돌아온 탕자의 비유'는 그 유명세만큼이나 누가복음 15장 전체에서 가장 길고도 복잡한 내용을 담고 있다. 이 비유는 죄인들과 아무런 거리낌 없이 한데 어울려 식사하는 예수님을 향해 바리새인과 서기관들이 비난을 퍼붓자, 이에 대해 예수님이 자기변호를 위한 맞대응의 성격으로 말씀하신 것이다.

예수님은 세 가지 비유를 차례로 말씀하셨는데, 앞에 나오는 두 개의 짧은 스토리는 세 번째의 가장 긴 스토리인 '돌아온 탕자의 비유'를 위한 일종의 전주곡(prelude) 역할을 하고 있다. 스토리의 소재와 배경 그리고 등장인물은

전혀 다르지만 세 개의 비유는 다음과 같은 3단계 구조를 공통된 뼈대로 하고 있다.

1. 뭔가를 잃어버림
2. 찾을 때까지 열심히 찾음
3. 공동체가 함께 기뻐함

세 개의 서로 다른 스토리는 갈수록 강화되는 나선형 구조로 배치되어 마지막에 나오는 '돌아온 탕자의 비유'에서 단순하지만 완성된 메시지를 던지고 있다. 메시지의 클라이맥스와 극적 효과는 '100'마리의 양이 '10'개의 동전으로, 이것이 다시 '2'명의 형제로 줄어드는 압축의 과정을 통해 더욱 잘 드러난다.

예나 지금이나 사람들은 '숫자'로 표현되는 경제학적 개념에 민감하다. 100개 중 하나가 없어진 것보다는 10개 중 하나, 더 나아가 2개 중 하나를 잃어버릴 때, 그 잃어버린 것에 대한 애틋함과 간절함이 증폭될 수밖에 없다. 게다가 마지막에 등장하는 잃어버린 사람(탕자)은 잃어버린 동물(양)이나 사물(동전)과 비교할 때 그 애틋함과 간절함에서 차원이 전혀 다른 존재다. 예수님은 이처럼 세 가지 비유를 순차적으로 말씀하심으로써 '잃어버린 자'를 향한 하나님 아버지의 간절한 마음을 전하고 있다.

누가복음 15장은 갈릴리에서 예루살렘으로 향하는 여행길에서 주어진 '여행 내러티브'(눅 9:51-19:44) 중에서도 정중앙에 위치한다. 이 여행은 예수께서 십자가를 지시기 위해 예루살렘으로 향하는 이 땅에서의 마지막 여정이다.

저자 누가는 자신의 복음서 곳곳에서 '잃은 자를 찾아 구원하러 오신' 예수님의 미션을 수시로 선포하고 있는데, 누가복음 15장에 나오는 세 개의 비유가 모두 예수님의 이러한 미션을 드러내고 있다.

> "예수께서 대답하여 이르시되 건강한 자에게는 의사가 쓸 데 없고 병든 자에게라야 쓸 데 있나니 내가 의인을 부르러 온 것이 아니요 죄인을 불러 회개시키러 왔노라"(눅 5:31-32).

> "예수께서 이르시되 오늘 구원이 이 집에 이르렀으니 이 사람도 아브라함의 자손임이로다 인자가 온 것은 잃어버린 자를 찾아 구원하려 함이니라"(눅 19:9-10).

우리는 '돌아온 탕자의 비유'를 본격적으로 다루기에 앞서 이 비유를 낳게 한 바리새인과 서기관들의 불평과 비난에 대해 우선적으로 살펴볼 필요가 있다. 이들은 왜 세리와 죄인들과 함께 식사하시는 예수님에게 불평과 비난을 퍼부은 것일까? 예수님의 이런 행동은 1세기 이스라엘의 사회적 통념에서 볼 때 어떻게 비쳐졌을까?

우리가 다른 나라로 여행을 가기 전 그 나라의 문화를 배운다고 할 때 가장 기본적인 것이 '테이블 매너'(table manner)다. 1세기 이스라엘 사회의 테이블 매너를 이해하면 당시 바리새인과 서기관들이 예수님을 비난한 이유를 알게 될 것이다. 아울러 이러한 비난에 대한 맞대응의 성격으로 주어진 '돌아온 탕자의 비유'의 현장 속으로 우리를 자연스럽게 인도할 것이다.

'금식'(fast)하는 세례 요한, '잔치'(feast)하는 예수님

"모든 세리와 죄인들이 말씀을 들으러 가까이 나아오니 바리새인과 서기관들이 수군거려 이르되 이 사람이 죄인을 영접하고 음식을 같이 먹는다 하더라"(눅 15:1-2).

누가복음 전체에서 가장 유명한 15장 말씀은 세리와 죄인들과 함께 식사하시는 예수님을 향해 바리새인과 서기관들이 비난을 퍼붓는 것으로 시작하고 있다. 공생애 사역의 시작과 함께 쏟아진 예수님을 향한 당시 종교지도자들의 비난은 세례 요한을 향한 비난과 비교해 볼 때 그 의미와 이유가 더욱 분명해진다.

"세례 요한이 와서 떡도 먹지 아니하며 포도주도 마시지 아니하매 너희 말이 귀신이 들렸다 하더니 인자는 와서 먹고 마시매 너희 말이 보라 먹기를 탐하고 포도주를 즐기는 사람이요 세리와 죄인의 친구로다 하니"
(눅 7:33-34).

열린다 비유
돌아온 탕자 이야기

예수님과 동시대를 살았지만 약간 앞서서 사역을 시작한 세례 요한은 주후 1세기, 즉 2차 성전시대 말기에 출현한 수많은 묵시종말적 예언자의 라인에 서 있던 대표적인 인물이었다. 세례 요한은 요단 강, 즉 모세의 후계자인 여호수아가 약속의 땅 정복을 위해 건너던 역사적인 장소에서 세례를 베풀었다. 이로써 이스라엘 역사에서 가장 장엄한 순간을 종교적 의식으로 재현한 것이다.

그는 당시의 묵시종말적 예언자(특별히 에세네파 공동체)들이 그랬던 것처럼 요단 강 근처의 광야에 살면서 수도원적 영성을 유지했다. 그의 메시지는 임박한 메시아의 통치를 알리고 백성의 회개를 촉구하는 내용으로 이루어져 있다.

"요한이 요단 강 부근 각처에 와서 죄 사함을 받게 하는 회개의 세례를 전파하니"(눅 3:3).

● 에세네파가 공동체 생활을 하던 쿰란 공동체 유적지

● 쿰란 공동체 식구들이 기록한 사해 사본 성경이 발견된 동굴

광야에서 메뚜기와 석청을 먹고 검소와 청빈의 수도원적 영성을 유지하며 살아가던 세례 요한에게 종교지도자들이 가한 비난은 이러했다. '세례 요한이 귀신 들렸다'는 것이다. 당시 종교적(사회적) 주류였던 바리새인들의 눈에 세례 요한의 이런 행동은 귀신 들린 자만이 행할 수 있는 지나치고 극단적인 행동으로 보였던 것이다.

그런데 머지않아 세례 요한으로부터 바통을 이어받고 사역을 시작하신 예수님 역시 당시 종교지도자들 눈에는 또 다른 극단주의자로 보였다. 단지 그 치우친 방향만 달랐을 뿐이다. 종교지도자들의 비난에 기초해 볼 때, 세례 요한의 모습이 광야에서 금식하는 생활로 그려진다면 예수님은 늘 잔치에 참석해 먹고 마시는 모습으로 그려질 것이다.

'외부자'인 바리새인과 서기관들의 눈에 비친 세례 요한과 예수님의 모습은 확실한 대조를 보이는데, 이러한 대조는 '내부자'인 세례 요한 지지자와 예수님 자신의 말씀을 통해서도 재차 확인된다.

"요한의 제자들과 바리새인들이 금식하고 있는지라 사람들이 예수께 와서 말하되 요한의 제자들과 바리새인의 제자들은 금식하는데 어찌하여 당신의 제자들은 금식하지 아니하나이까 예수께서 그들에게 이르시되 혼인 집 손님들이 신랑과 함께 있을 때에 금식할 수 있느냐 신랑과 함께 있을 동안에는 금식할 수 없느니라 그러나 신랑을 빼앗길 날이 이르리니 그날에는 금식할 것이니라"(막 2:18-20).

결국 1세기 이스라엘의 대표적인 사역자였던 세례 요한과 예수님은 광야에서 '금식하는'(fast) 세례 요한과 도시에서 '잔치하는'(feast) 예수님으로 묘사된다고 할 수 있다.

예수님께 가해진 종교지도자들의 비난

예수님을 향한 종교지도자들의 비난은 다음의 두 가지 표현으로 정리할 수 있겠다.

1. 먹기를 탐하고 포도주를 즐기는 사람
2. 세리와 죄인들의 친구

이 비난은 현재시제 동사로 표현되고 있는데, 이것은 예수님이 언제나 하시던 일, 즉 예수님의 습관임을 암시하고 있다.

비난 1. 예수는 먹보요 술꾼이다(?)

이 중에서 첫 번째 비난부터 살펴보자. '먹기를 탐하고 포도주를 즐긴다'는 말은 히브리 원어로 '먹보와 술꾼'(glutton and drunkard)이란 의미를 갖는다. 그러면 종교지도자들은 비난과 경멸을 담고 있는 많은 호칭들 가운데서 왜 하필 예수님께 이런 호칭을 사용한 것일까? 이 호칭에는 적대자들이 비열한 중상모략을 통해 예수님을 '사회적 이상 행동자' 또는 '정신적 파탄자'로 몰아붙이려는 의도가 다분히 담겨 있다. 하지만 '왜 굳이 이런 호칭인가'라는 질문에는 여전히 궁금증이 남는다.

'먹보와 술꾼'이란 표현은 신명기 말씀에 기초해 볼 때 하나님의 율법으로

길들여지지 않는 자식, 오늘날 표현으로 하면 '싹수가 노란 자식', '호래자식'에게 붙이던 욕설을 뜻하는 이디엄(idiom)이었다.

> "사람에게 완악하고 패역한 아들이 있어 그의 아버지의 말이나 그 어머니의 말을 순종하지 아니하고 부모가 징계하여도 순종하지 아니하거든 그의 부모가 그를 끌고 성문에 이르러 그 성읍 장로들에게 나아가서 그 성읍 장로들에게 말하기를 우리의 이 자식은 완악하고 패역하여 우리 말을 듣지 아니하고 방탕하며 술에 잠긴 자라 하면 그 성읍의 모든 사람들이 그를 돌로 쳐죽일지니 이같이 네가 너희 중에서 악을 제하라 그리하면 온 이스라엘이 듣고 두려워하리라"(신 21:18-21).

부모는 싹수가 노란 자식을 징계하기 위해 도시의 성문에 문제의 자식을 데려와 장로들 앞에서 이렇게 선언했다.

"이 자식은 방탕하며 술에 잠긴 자입니다."

이 말도 히브리 원어적 의미는 예수님께 가해진 '먹보와 술꾼'과 대동소이한 표현이다. 부모로부터 이런 정죄를 받은 자식은 도시의 장로들 앞에서 재판을 받았고, 그에게 내려진 법정 최고형은 돌에 맞아 죽는 '사형'이었다.

가나 혼인잔치에서 물을 포도주로 바꾼 기적을 베푸신 것으로 판단하건대, 예수님이 현대적 개념의 알코올(술)을 입에 대셨을 가능성은 높다. 하지만 예수님께 가해진 '술꾼'이란 비난 때문에 예수님의 혈중 알코올 농도가 늘 기준치를 넘었다거나 예수님의 코가 술꾼들에게 흔히 보이는 '딸기코'였을 것으로 추측하는 것은 옳지 않다. '먹보와 술꾼'은 율법으로 통제되지 않는 자식에게 통상적으로 붙여진 욕설로서, 당시에 보편적으로 사용되던 부정적인 이디엄이기 때문이다.

세례 요한은 당시 종교지도자들에게 '귀신 들렸다'는 비난을 받았지만 여전히 율법에 순종하는 아들로 비쳐진 반면, 예수님은 '먹보와 술꾼', 즉 율법을 거스르는 패역한 아들로 여겨졌던 것을 알 수 있다. 이를 볼 때 세례 요한과 예수님 모두 당시 종교적 기득권층으로부터 비난을 받았지만 예수님께 가해진 비난이 그 강도 면에서 훨씬 강했음을 알 수 있다.

비난 2. 세리와 죄인들의 친구

종교지도자들은 왜 예수님을 율법의 통제를 받지 않는 패역한 아들로 여긴 것일까? 그 이유는 뒤에 이어지는 종교지도자들의 추가적인 비난을 살펴봄으로써 유추할 수 있다.

예수님께 가해진 또 다른 비난은 '세리와 죄인들의 친구'라는 것이다. 예수님이 교제를 나누던 세리와 죄인들은 누구일까? 1세기 이스라엘에서 세리와 죄인들의 사회적 위치는 어떠했고 또 사람들은 그들을 어떤 눈으로 바라보았을까?

세리: 동족의 피를 빨아먹는 흡혈귀

세리(tax collector)의 문자적 의미는 단순히 '세금을 거두는 사람'이겠지만, 이것은 현대적 의미의 '국세청 직원'과는 거리가 멀다. 오늘날 사업을 하는 사람들에게 '국세청 직원이 떴다'는 말은 경우에 따라서 무시무시한 말일 수 있다. 여기서 중요한 것은 국세청 직원이 때로 두려움의 대상이 될지는 몰라도 경멸의 대상이 되지는 않는다는 것이다.

하지만 '세리'는 1세기 이스라엘 사회에서 경멸 받는 직종이었고 조롱이 듬뿍 담긴 욕설이었다. 세리에 담긴 부정적인 이미지는 로마제국이 실행한 독특한 세금제도에서 기인한다.

주후 1세기는 팍스로마나(로마의 평화)로 불리는 로마의 전성기가 시작되던 때였고, 이스라엘도 예외 없이 로마제국의 속국으로 떨어졌다. 로마는 현지인 출신의 유력자들을 대상으로 한 공개 입찰을 통해 세금을 거둘 수 있는 권리를 팔았는데, 이 권리는 당연히 가장 많은 액수를 써낸 사람에게 돌아갔다. 결국 세리는 현지인 출신으로서 로마제국의 세무 공무원이 된 사람이었다.

현지 사정에 가장 밝은 현지의 유력자에게 세금 징수권을 주는 도급제는 거대한 영토를 차지한 로마제국의 입장에서 본다면 세금 누수를 막을 수 있는 상당히 효율적인 세도였을 것이다. 현대 사회는 같은 동의 아파트에 살아도 이웃 간에 피차 인사도 하지 않고 지내는 경우가 많지만, 1세기 이스라엘 사회에서 그 지역의 유력자는 어느 집의 숟가락, 젓가락 숫자까지 줄줄 꿰고 있을 정도로 친밀한 사회였기 때문이다.

경제적 논리로만 따진다면 세리는 분명 로마제국에 대한 충성의 대가로 고수입이 보장된 아주 잘나가는 직종이었다. 하지만 공개 입찰에서 최고액을 써내 세금 징수권을 따냈기 때문에 이들은 할당액을 채우고 자신의 이윤을

남기기 위해 혈세를 쥐어짤 수밖에 없었다.

　결국 세리는 가난한 동족의 피를 빨아먹는 흡혈귀와 같은 존재로 여겨졌고, 통치자인 로마제국에 대한 적대감이 고조에 달할수록 그 원성은 고스란히 그들의 앞잡이 노릇을 하는 세리들에게 향했다. 이는 마치 일제시대에 일본에 아첨해 한 시대를 풍미하던 친일파에 대해 우리들이 느끼는 적대감과 비슷할 것이다. 세리에 대한 부정적인 이미지는 예수님의 말씀을 통해서도 확인된다.

"너희가 너희를 사랑하는 자를 사랑하면 무슨 상이 있으리요 세리도 이같이 아니하느냐"(마 5:46).

"만일 그들의 말도 듣지 않거든 교회에 말하고 교회의 말도 듣지 않거든 이방인과 세리와 같이 여기라"(마 18:17).

죄인: 헤프고 값싼 여자들

예수님을 향한 비난에 등장하는 '죄인'(sinner)은 단순히 '죄를 지은 사람'을 가리키는 보편적인 개념이 아니라 당시에 바리새인들이 사용하던 특수한 개념의 용어였다. 곧 창기, 강도와 같은 두드러진 죄인으로서 고의적이면서도 계속해서 집요하게 악을 저지르는 사람을 가리키는 말이었다. '세리와 죄인'이 하나로 묶이면 곧 윤리와 업무상으로 패악한 사람들, 돌이킬 수 없을 정도로 사악한 사람들을 도매금으로 가리킬 때 사용된다.

예수님의 공생애 사역을 살펴볼 때 여기서 언급된 죄인은 특별히 '창기'를 가리킨다고 보는 것이 좋다. 1세기 이스라엘 사회에서 사용된 창기(prostitute)의 개념도 현대적 의미의 '성 매매 여성'과는 미묘한 차이가 있다. 바리새인들이 예수님을 '술꾼'이라고 비난했다고 해서 예수님이 문자적 의미로 '알코올중독자'가 아니듯이, 바리새인들이 '창기'로 부르며 비난하던 여인들도 문자적 의미의 '성 매매 여성'과는 차이가 있다는 것이다.

바리새인들의 눈에 비친 '창기'는 공개적으로 꼴사납게 행동하는 여인들을 가리키는 사회적 암호와도 비슷하다. 우리는 복음서에서 예수님을 따르던 제자 그룹 중에 여인들이 등장하는 장면을 심심치 않게 발견할 수 있다. 남자 스승인 예수님을 따라다니며 때로 공개적인 식탁에까지 합석한 여인들의 모습은 현대의 성경 독자들 눈에는 그다지 대수롭지 않게 보일 테지만, 1세기 이스라엘 사회의 종교적 규율 안에서 어떻게 비쳐졌을까를 상상해 본다면 이것은 가히 쇼킹한 장면들이었다.

1세기 이스라엘 사회에서 남자와 여자에게는 확실하게 구별되는 사회적 공간이 있었다. 여인은 집 안에서만 활동했고 집 밖을 나설 때는 홀로 다닐 수 없었으며 남자의 보호를 받아야 했다. 남자의 보호를 받을 수 없는 상황이라면 몇 명의 여인이 삼삼오오 무리를 지어 바깥출입을 해야 했다.

당시 여인들은 일생 동안 세 남자의 보호를 받아야 했는데, 결혼 전에는 '아버지'의 보호를, 결혼 후에는 '남편'의 보호를, 남편이 죽은 후에는 '장남'의 보호를 받았다. 우리나라도 불과 100년만 거슬러 올라가면 이 같은 모습이 낯설지 않다. 조선시대 여성들이 어떻게 살았는지는 역사서와 드라마를 통해 익히 알고 있는 바다.

종교적 다수를 차지한 바리새인들의 기준으로 볼 때, 남자 제자들 틈에 섞여 남자 스승인 예수님을 따르는 많은 여성들은 상당히 '헤픈 여자', '틈이 많은 여자'로 보였을 것이고, 이런 여인들을 향해 가해진 사회적 비난의 코드가 바로 '창기'였던 것이다.

명예를 최고의 가치로 여기던 1세기 이스라엘 사회에서 어떤 사람을 향해 경멸조의 비난과 중상모략을 지속적으로 가한다는 것은 사회적 매장과 죽음, 인격 살해(character assassination)를 초래할 수 있는 심각한 것이었다. 특히 이런 비난이 종교지도자와 같은 유력자들을 통해서 나온 것이라면 더욱 치명적이다.

'세리와 죄인(창기)'은 남성과 여성이 한 쌍으로 어우러진 두 종류의 악인을 나타내는 부정적인 이디엄인데, 상대방을 철저히 무시하고 모욕하는 의미로 사용되었다. 이는 마치 1960년대 미국에서, 1970~1980년대 한국에서 사용된 '공산당, 빨갱이, 용공, 좌빨'과 같은 비난으로서 자칫 사회적 죽음을 초래할 수 있는 치명적인 중상모략인 것이다.

바리새인들은 예수님을 '세리와 죄인(창기)들의 친구'로 비난했지만, 예수님은 오히려 이를 슬쩍 인정하시는 듯한 어조로 되받아치면서 바리새인들을 책망하셨다.

> "그 둘 중의 누가 아버지의 뜻대로 하였느냐 이르되 둘째 아들이니이다 예수께서 그들에게 이르시되 내가 진실로 너희에게 이르노니 세리들과 창녀들이 너희보다 먼저 하나님의 나라에 들어가리라"(마 21:31).

식탁 교제와 관련된 '사회적' 코드

이쯤 해서 예수님께 가해진 바리새인들의 두 가지 비난을 함께 살펴보도록 하자. 첫 번째 비난인 '먹기를 탐하고 포도주를 즐기는 사람'은 '세리와 죄인들의 친구'라는 두 번째 비난과 합쳐질 때 강력한 시너지를 발휘한다. 예수님은 단순히 잔치에 참석해서 즐기기만 한 것이 아니라, 당시에 공인된 죄인으로 알려진 세리와 죄인들과 식탁을 함께했고 이것이 바리새인들이 가한 비난의 핵심이었다.

그러면 세리와 죄인들과 식탁을 함께하는 것이 왜 그토록 심각한 문제가 된 것일까? 세리와 죄인들과 식탁 교제를 즐긴 예수님의 행동이 초래한 거센 반발과 비난은 1세기 이스라엘 사회의 사회적(종교적) 통념에 비추어 볼 때에만 비로소 이해할 수 있다.

1세기 이스라엘 사회 연구가이자 비유 연구가인 요아킴 예레미야스(1900~1979, 독일 신학자)는 이러한 궁금증에 대한 해답을, 지금도 큰 변화 없이 내려온 중동 지역의 보수적인 식탁 교제 문화(테이블 매너)에서 찾고 있다. 중동 지역에서 '식탁 교제를 함께한다'는 것은 '한 끼 식사를 상대방과 먹는다'는 단순한 의미가 아니라는 것이다.

중동 문화에서 누군가와 '빵'(식사)을 나누는 것은 그 사람과 '생명'을 나누는 것을 의미하는 포괄적인 문화 행위다. 즉 식탁 교제를 함께하는 당사자들 간에 명예, 화해, 신뢰, 형제애, 용서 등을 나누는 상징적인 행위라는 것이다.

1세기 이스라엘 사회에서도 그 사람이 누구와 함께 식사를 하고 누구의 초청을 받는가 하는 것은 그 사람의 '명예'(honor)와 관련된 중요한 문제였다. 명예를 최우선의 가치로 여기던 이스라엘 사람들은 명예와 목숨 중 양자택일해야 하는 상황이 강요된다면 기꺼이 명예를 선택했다. 이것이 1세기 이스라엘의 문화였다. '명예' 대신 '경제'(돈)가 최우선의 가치를 차지하고 있는 현대 사회에서도 식탁 교제와 관련된 이러한 문화적 의미들은 일정 부분 명맥이 남아서 내려오고 있다.

예를 들어, 당신이 만일 큰 기업체의 최고경영자(CEO)라고 생각해 보자. 최고경영자 입장에서 당신은 직원들과 함께하는 다양한 식탁 교제를 계획할 수 있다. 개중에는 직원 전체를 대상으로 사무실에서 베푸는 칵테일파티가 있고, 중간 관리자들만 선별해 고급 호텔 식당에서 갖는 오찬 모임이 있고, 당신의 집에서 베푸는 회사의 부사장급만을 위한 디너파티가 있을 수 있다. 이처럼 다양한 종류의 식탁 교제를 이해할 때, 현대적 개념에서도 식탁 교제가 단순히 한 끼 식사로 배를 불리는 생물학적인 개념만이 아님을 알 수 있다.

식탁 교제는 그 식탁에서 이루어지는 친목과 관련된 일일 뿐 아니라 더 나아가 문화 인류학자들이 '공동 식사'(commensality)라고 부르는 것과 관련된 문화적 개념이 그 속에 녹아 있다. 즉 누구와 함께 식탁에서 먹고 어떻게 처신하는가에 대한 '테이블 매너'(식탁 교제)는 사람들 간의 교제와 사회화의 규칙들에 대한 축소판 모델이 된다는 것이다. 이는 시대의 문화를 막론하고 식탁 교제는 그 사회가 갖고 있는 경제적 차별, 사회적 계급 체계, 더 나아가 정치적 차별을 가늠하게 해주는 중요한 지표가 된다.

문화 인류학자인 클로진스키(Klosinski)는 음식과 식사와 관련된 자신의 연구를 요약하면서 이렇게 정리하고 있다.

"음식을 함께 나눈다는 것은 상호관계와 이익으로 연결된 복합체를 시작하는 일종의 거래로서, 이 거래에는 상호간에 지켜야 할 일련의 의무 사항들이 수반된다. 이런 거래는 사회적 상호작용과 상호간의 책임으로 이루어지는 조직의 그물 속에 한 개인을 참여시킨다. 또한 식탁 교제는 인간의 상호작용에 대한 상징으로서 작용한다. 식탁 교제는 감정과 관계들을 상징화하고, 사회적 신분과 권력을 매개하고, 집단 정체성의 경계선을 그어 주는 문화적 행위다.”

예나 지금이나 중동 지역의 사회는 극소수의 부유층과 절대 다수의 빈민층으로 이루어져 있다. 이런 사회 환경에서 유력자들은 가난한 자를 분에 넘치게 부양함으로써 자선을 베푸는 것이 미덕이요 자신의 관대함을 보여 주는 명예로운 행위라고 여겼다. 하지만 여기에도 식탁 교제와 관련된 문화적 개념을 적용시킬 때 분명한 차별과 경계가 존재한다.

이것을 현대인들도 쉽게 접할 수 있는 상황과 접목시켜 보자. 당신은 상당한 재력가인데 어느 날 당신의 집에 악취를 물씬 풍기는 거지가 구걸을 하기 위해 찾아왔다. 당신은 어떻게 반응할 것인가?

1. 당신은 먹을 것과 약간의 돈을 쥐어 주고 거지를 서둘러 돌려보낼 수 있다.
2. 당신은 거지를 당신의 주방으로 불러들여 식사를 차려 줄 수 있다.
3. 당신은 당신 가족이 함께하는 저녁식사 자리에 그 거지를 합석시킬 수 있다.

열린다 비유
돌아온 탕자 이야기

01

bye~

02

03

04

4. 더 나아가 당신은 토요일 저녁에 당신의 친구들과 함께하는 만찬 자리에 거지를 초청할 수 있다.

물론 대다수의 경우는 1번의 행동을 취할 테지만 이것은 식탁 교제가 갖고 있는 다양한 문화적 상징을 보여 주는 좋은 예가 되기 때문에 온갖 경우의 수를 나열해 본 것이다. 이처럼 중동 지역에서도 유력자들이 다수의 가난한 자들을 부양하는 것은 '명예'로운 행위지만, 그들과 같은 식탁에서 식사를 하는 것은 자신의 명예를 깎아먹는 '수치'스런 행위였다.

식탁 교제와 관련된 '종교적' 코드

세리와 죄인들과 한 식탁에서 어울린 예수님께 가해진 바리새인들의 비난은 단순히 '명예'라고 하는 사회적 개념뿐 아니라 종교적 개념이 하나 더 추가된다. 어떻게 보면 사회적 개념보다 지금부터 다루게 될 종교적 개념이 더 중요하다고도 볼 수 있다. 1세기 이스라엘 사회에서 바리새파는 압도적 다수를 차지한 주류파였다. 이들의 견해가 당시의 시대적 견해였고 사회 문화적 코드였다고 보아도 무방하다.

'바리새'(Pharisee)라는 명칭은 '프루쉼'(פרושים)이라는 히브리어에서 왔는데, 문자적으로는 '구별되고 분리된 사람'을 의미한다. 그러면 '무엇으로부터의 분리인가'라는 문제가 자연스럽게 대두된다. 바리새인들은 율법을 철저하게 지킴으로써 그렇지 못한 이방인들로부터 구별된 사람들이었다. '구별'과 '거룩'은 동일한 의미로 해석되기 때문에, 바리새인을 현대적 의미로 바꾸면 '경건주의자'로 불러도 무방할 것이다.

율법에 대한 철저한 순종으로 자신을 이방 세계로부터 분리하려던 바리새파적 종교 무브먼트(운동, movement)의 시작은 주전 6세기 바벨론 포로생활에서 돌아온 귀환민들 때로 거슬러 올라간다. 이들은 조국인 남유다가 멸망하고 하나님의 집인 성전이 파괴되는 참혹한 상황을 경험하면서 자신들의 죄를 철저히 회개했고 율법에 헌신적인 사람들로 새롭게 거듭났다.

이런 흐름과 함께 주전 4세기에 알렉산더 대왕이 동방 원정을 시작하고 동서양이 '헬레니즘'으로 사상적 통일을 이루면서 유대인의 정신사적 흐름에 변화를 초래한 새로운 계기가 찾아왔다. 헬레니즘이 무섭게 침투해 들어와 유대인 공동체의 정체성이 한순간에 무너질 것을 염려한 유대 종교지도부는 율법에 대한 철저한 순종을 강조함으로써 유대인의 정체성을 새롭게 무장시킨 것이다.

나기에 주진 1세기에 등장한 치죠이 세계서 패권 국가인 로마제국이 등장하고, 유대인들도 로마제국에 편입되면서 유대 종교지도부는 내부 결속력의 고삐를 더욱 조이게 된다. 이러한 영적 흐름을 주도하던 세력이 바로 복음서에 등장하는 바리새인들이었다.

바리새인들이 이방 세계로부터 자신들을 구별하고 유대인으로서의 정체성을 확고히 하기 위해 강조한 율법은 '정결법 규례'였다. 레위기 11-15장에 집중적으로 기록된 정결법 규례는 나의 몸을 외부 세계로부터 구별해 지키는 것에 모든 초점이 맞추어져 있다.

우리 몸에는 외부 세계와 연결된 통로, 즉 몸 안과 몸 밖을 구분하는 경계들이 있다. 입, 피부, 생식기 등이 그것이다. 레위기 11장은 '입'을 통해 들어오는 외부의 음식물을 다루고, 12장은 여성의 '생식기'와 관련된 출산의 문제를 다루고, 13, 14장은 또 다른 경계인 '피부'를 다루고, 15장은 남녀의 몸에서 비자발적으로 액체가 흘러나오는 유출병에 대해 다루고 있다.

이러한 정결법 규례는 특별히 성전 내부에서 봉사하는 제사장들에게 제한적이지만 철저하게 적용되었는데, 바리새인들은 그 적용 범위를 거룩한 땅인 이스라엘에서 살아가는 모든 유대인들에게로 확대시켰다. 바리새인들은 모든 유대인들이 거룩해야 하는 이유는 유대인을 부르신 하나님이 거룩하기 때문이라고 백성을 독려했다.

이로써 정결법 규례는 거룩한 것과 속된 것, 더 나아가 이스라엘 백성과 이방인들 사이를 구분하는 사회적 경계를 위해 특별히 강화되어 적용되었다. 문화 인류학자들은 공통적으로 몸의 경계를 엄격하게 지키는 사회일수록 사회적 경계를 지키는 데도 철저하다고 말한다.

바리새인들은 정결법 규례를 지키지 않는 사람들과 함께 식사하는 것을 철저히 금했다. 당시의 랍비 전승도 이런 사실을 확인해 준다.

"죄인과 교제한 사람은 토라 근처에도 오지 못하게 하라."
"죄인을 먹이는 것은 칭찬받을 만하지만 죄인과 함께 식탁 교제를 하는 것은 철저히 금하라."

열린다 비유
돌아온 탕자 이야기

"비록 그것이 그 사람을 하나님께 인도하려는 목적이라 할지라도 악인과는 절대 식탁 교제를 함께하지 말라."

열린 공동 식사: 열린 예배의 참된 모델

1세기 이스라엘 사회에서 종교적 주류를 차지하던 바리새인들의 눈에 예수님은 어떻게 비쳐졌을까? 확실한 사실은 예수님이 잘 짜인 사회 질서를 위반하고 제멋대로 행동하는 인물, 즉 사회적 일탈자로 인식되었다는 것이다. 예수님이 공개적으로 식탁 교제를 즐기던 세리와 죄인(창기)들은 바리새인들이 이방인처럼 혐오하던 그룹이었다.

예수님은 여인들과도 공개적으로 어울리셨는데, 이것은 당시의 사회적 통념에서 볼 때 '희대의 스캔들'로 비쳐졌을 것이다. 이런 상황은 향유를 예수님의 발에 붓고 자신의 머리카락으로 닦은 마리아를 통해 적나라하게 드러난다.

"마리아는 지극히 비싼 향유 곧 순전한 나드 한 근을 가져다가 예수의 발에 붓고 자기 머리털로 그의 발을 닦으니 향유 냄새가 집에 가득하더라"(요 12:3).

남녀가 한 식탁에서 교제하는 것을 금하던 1세기 이스라엘 사회에서 예수님의 식탁에 여인 마리아가 나타났을 뿐 아니라 자신의 머리카락으로 예수님의 발을 닦는 모습은 분명 바리새인들을 충격과 경악으로 몰아넣었을 것이다. 신체와 관련된 유대인의 문화적 상징에서 볼 때 '발'과 '머리카락'은 모두 '2차 성기'(性器)를 의미하기 때문이다.

또한 예수님은 어린아이들도 자신의 사회적 동아리(천국) 속에 포함시키셨다. 당시는 어린아이들, 특히 여자아이들이 노예처럼 간주되던 시기였음을 감안할 때, 다음에 나오는 예수님의 말씀은 대단히 혁명적인 선언이었음을 알 수 있다.

> "예수께서 그 어린아이들을 불러 가까이하시고 이르시되 어린아이들이 내게 오는 것을 용납하고 금하지 말라 하나님의 나라가 이런 자의 것이니라"(눅 18:16).

이처럼 공생애 사역 내내 예수님이 교제를 즐기던 자들은 당시의 종교적 주류인 바리새인들의 기준으로 볼 때 교제를 금해야 하는, 최소한 꺼려야 하는 사람들이었다. 이들은 같은 이스라엘 백성이지만 바리새인들이 규정한 사회적(종교적) 경계라는 기준에서 볼 때 경계를 벗어난 사람들(outsider), 즉 이방인처럼 버려진(outcast) 사람들이다.

그러면 예수님은 왜 사회적 이상 행동자요 일탈자란 비난을 감수하면서까지 집요하게 이들과 계속 교제하신 것일까? 예수님은 목자의 마음을 가지고 양의 우리에서 벗어난, 아니 당시 목자임을 자처한 종교지도자들이 양의 우리(sheepfold) 바깥으로 내다 버린 '잃은 자'(outcast)들을 적극적으로 찾아 나서신 것이다.

그리고 이것이야말로 예수님이 자칫 목숨을 잃을 수도 있는 위험을 감수하면서까지 감당해야 할 최고의 미션이었던 것이다. 예수님은 이 미션을 감당하기 위해 당시 강력하게 드리워져 있던 사회적 통념과 금기를 과감하게 깨어 부수셨다.

아울러 예수님이 베푸신 식탁에 각종 죄인들과 사회적 약자와 소외자들이 함께할 수 있었던 것은 영적으로 중요한 의미를 갖고 있다. 이것은 장차 천국에서 이루어질 식사를 예표하는 구속사적 의미를 담고 있기 때문이다. 바리새인들은 종말 이후 천국에서 베풀어질 잔치에 이방인과 죄인들은 철저히 제외되고 자신들과 같은 의인의 회중만 참여할 것으로 생각했다.

하지만 예수님은 이 땅에서 누구에게나 열려 있는 공동 식사를 실행하심으로써 그 어떠한 사회적, 종교적 차별도 과감히 철폐하신 것이다. 아무에게나 열린 공동 식사는 철저한 평등주의, 즉 구성원들 사이에 어떤 차별도 용인하지 않고 그들 중에는 어떠한 계급 조직도 필요하지 않다고 보는 인간 평등사상의 구현이며 상징이나. 예수님이 베푸신 열린 공동 식사야말로 오늘날 유행하는 열린 예배의 참된 모델이 아닐까? 아울러 여전히 계급적 차별이 존재하는 현대의 교회(특히 강남의 대형 교회들)에 던지는 강력한 경고요 경종이 아닐까?

chapter

02

'돌아온 탕자의 비유', 과연 비유의 적절한 제목인가?

세 명의 주인공: 아버지, 형 그리고 동생

'돌아온 탕자의 비유'란 제목은 비유에 등장하는 세 명의 주인공 가운데
유독 '둘째 아들'에만 초점을 맞추고 있다. 하지만 이 제목은 예수님이 소위
'돌아온 탕자의 비유'를 말씀하시게 된 배경을 이해할 때 그다지 적절치 않은,
오히려 비유의 중심 교훈에서 벗어난 제목임을 알 수 있다.

누가는 다른 복음서 저자들보다 훨씬 더 많은 비유들을 기록하고 있는데, 그중 상당수가 최후의 유월절을 보내기 위해 갈릴리에서 예루살렘으로 향하는 '여행 내러티브'(눅 9:51-19:44) 안에 담겨 있다. '선한 사마리아인의 비유'(10:29-37), '한밤중에 찾아온 친구의 비유'(11:5-8), '어리석은 부자의 비유'(12:13-21), '부자와 나사로의 비유'(16:19-31), '바리새인과 세리의 비유'(18:9-14)를 비롯해, 오직 누가만이 가장 길고 중요하고 복잡하고 감동적인 비유를 자신의 복음서에 포함시켜 놓았다.

이러한 누가만의 독특한 비유들은 '기도', '회개', '용서', '칭의', '은혜'처럼 기독교 신학에서 중추적인 뼈대라 불릴 만한 주제들을 어린아이들도 쉽게 이해할 수 있는 이야기 형태를 빌려 전달하고 있다. 저자 누가를 통해 가히 스토리텔러(이야기꾼)이자 메신저(설교자)의 '달인'이신 예수님의 진면목이 잘 드러난다고 할 수 있다.

'돌아온 탕자의 비유'는 누가의 독특한 비유들 가운데서도 단연 최고의 걸작으로 손꼽힌다. 누가복음 전체에서 중심 강으로 불리는 15장에 위치하고 있는 것도 그렇지만, 15장에 연속으로 기록된 세 개의 비유들이 바로 이 '돌아온 탕자의 비유'에서 그 절정으로 치닫는다.

찰스 디킨스(영국의 소설가, 1812~1870)가 말한 것처럼 '돌아온 탕자의 비유'는 역사상 기록된 작품들 가운데 '가장 위대한 단편'이라 칭송 받을 만하다. 가장 위대한 '단편'이라고 하지만, '돌아온 탕자의 비유'는 무려(?) 22절을 차지하며 예수님의 비유들 가운데 가장 긴 형태를 띠고 있다. 예수님의 비유만 놓고 평가한다면 상대적으로 '단편'이 아니라 '장편'에 속한다고 할 수 있다.

여기에는 청중의 감정과 상상을 꿰뚫는 호소력, 간결하면서도 정교한 스토리의 구성, 강렬하고 심금을 울리는 메시지가 녹아 있다. 아울러 누가가 좋아하는 주제인 기도, 회개, 용서, 칭의, 은혜가 이 하나의 스토리 속에 한데 모아져 정교하게 짜여 있다.

현대인의 언어 표현, 특히 영어 문화권 표현에는 '돌아온 탕자의 비유'에서 빌려온 것들이 심심치 않게 발견된다.

우리는 '고집스럽고 제멋대로인 아이'를 가리켜 '탕자'라고 부르는 것을 자주 본다. '탕자'를 가리키는 영어 단어인 'prodigal'은 현대 영어에서는 거의 쓰이지 않는 단어다. 오직 '탕자'(prodigal son)에만 등장하는 이 단어는 '고어'(古語)나 '사어'(死語)로 분류되지는 않는다. 이것은 분명 '돌아온 탕자의 비유'가 갖고 있는 엄청난 파급 효과와 잔잔한 여운 때문일 것이다.

사람들은 또한 아낌없이 베푸는 축제나 잔치를 표현할 때 '살진 송아지를 잡는다'(killing the fatted calf)고 말하고, 방종하거나 사치스러운 삶의 양식을 가리켜 '방탕한 생활'(riotous living)이라고 말한다. 사람들은 아마도 이런 말들의 정확한 출처를 모르고 사용했겠지만, 이것은 모두 '돌아온 탕자의 비유'에서 파생된 표현들이다.

'돌아온 탕자의 비유'는 다음과 같은 내레이션으로 시작하고 있다.

"또 이르시되 어떤 사람에게 두 아들이 있는데"(눅 15:11).

열린다 비유
돌아온 탕자 이야기

스토리에 등장하는 인물은 세 명으로 아버지, 첫째 아들, 둘째 아들이 그들이다. 예수님의 비유 대부분이 그렇듯이 '돌아온 탕자의 비유'에 등장하는 세 주인공들은 현실 세계의 누군가를 각각 대표하고 상징하는 역할 모델로 설정된 것이다. 그런 점에서 각각의 캐릭터는 그 중요도에서 다른 캐릭터에 전혀 뒤지지 않음을 알아야 한다.

그럼에도 이 유명한 비유 스토리는 '돌아온 탕자의 비유'란 제목이 보여 주듯이, '둘째 아들' 캐릭터에만 지나치게 초점이 고정되어 온 게 사실이다. 비행 청소년이었다가 드라마틱한 회개로 아버지 집에 돌아온 둘째 아들의 존재감이 비유 스토리의 전체 분위기를 압도하고 있는 것이다.

이 비유를 화폭에 멋지게 담아 낸 화가 렘브란트의 그림 속에도 아버지와 둘째 아들만 등장한다. 이 비유에서 영감을 얻은 많은 미술 작품과 문학 작품을 보아도 첫째 아들의 존재는 거의 잊혀진 듯하다.

이번 장에서는 '돌아온 탕자의 비유'의 스토리 속으로 곧장 들어가기에 앞서 '돌아온 탕자의 비유'란 제목의 적절성 여부에 대해 다루고자 한다. 만약 우리에게 이미 뿌리 깊게 각인된 '돌아온 탕자의 비유'란 제목이 그다지 적절치 않은 것으로 드러난다면, 이 비유를 이해하는 틀부터 새롭게 짜야 하기 때문이다.

• 〈탕자의 귀환〉, 렘브란트

두 부분인가, 아니면 세 부분인가?

'돌아온 탕자의 비유'로 고정화된 제목과는 별개로, 이 비유는 예수님의 비유들 가운데 무려 22절을 차지하는 긴 분량 때문인지 이 비유를 어떻게 적절하게 나눌 것인지를 놓고 학자들 간에 논쟁이 끊이지 않았다. 다양한 논쟁을 크게 둘로 정리해 보면, 결국 이 비유를 두 부분으로 나눌 것인가, 아니면 세 부분으로 나눌 것인가의 문제로 귀결된다.

두 부분으로 나눌 경우
둘째 아들의 이야기(13-24절)
첫째 아들의 이야기(25-32절)

세 부분으로 나눌 경우
둘째 아들의 이야기(13-20a절)
아버지의 반응(20b-24절)
첫째 아들의 이야기(25-32절)

두 가지 견해 모두 비유 해석을 위해 저마다 이점이 있다. 하지만 우리는 '돌아온 탕자의 비유'의 틀과 구조를 현대인의 시각에 맞추어 재단하기에 앞서서 한 가지 중요한 사실을 유념해야 한다. 그것은 비유를 포함한 예수님의 모든 가르침들이 애초에는 '인쇄'된 형태가 아닌 '구술' 형태로 전해진 것임을 기억하는 것이다. 이것을 기억하는 것이 왜 중요할까?

가르침의 현장에서 '귀'로 직접 듣는 것과 인쇄된 형태로 훗날 '눈'으로 읽는 것에는 분명한 차이가 있다. '귀'는 계속해서 듣는데 반해, '눈'은 세부적으로 나누기를 좋아한다. '눈'은 예리한 구분을 좋아하지만, '귀'는 솔기 없는 이행을 선호한다.

말씀이 육신이 되어 우리 가운데 거하신 예수님이 정작 이 땅에서 짧은 생애를 사는 동안 인쇄된 형태의 글자를 하나도 남기지 않았다는 사실은 참으로 아이러니하다. 예루살렘의 성전 뜰 바닥에 손가락으로 쓰신 정체불명의 글자가 있기는 하지만, 그나마도 며칠 후 내린 이른 비로 인해 다 씻겨서 지워졌다.

> "그들이 묻기를 마지 아니하는지라 이에 일어나 이르시되 너희 중에 죄 없는 자가 먼저 돌로 치라 하시고 다시 몸을 굽혀 손가락으로 땅에 쓰시니"(요 8:7-8).

예수님은 '인쇄된'(printed) 형태의 글을 쓰신 적이 없고 쉬지 않고 '구술'(oral) 형태인 말씀으로만 가르치셨다. 예수님은 전속으로 계약된 출판사도 없었고, 그 흔한 저자 사인회 한 번 하지 않으셨고, 잉크병에 펜 한 번 담그신 적이 없다.

하지만 예수님의 가르침은 시간이 흘러 그 제자들에 의해 기록되었고, 인쇄되어 출판도 되었다. 이로써 '구술' 형태에서 '인쇄' 형태로 전환이 이루어진 것

열린다 비유
돌아온 탕자 이야기

이다.

이러한 전환으로 인해 현대의 성경 독자들이 극복해야 하는 장애물이 새삼 부각된다. 그것은 기록된 말씀이 그 자체로서 우리에게 큰 복이지만 음성으로 듣는 것과는 상당한 간극이 존재하기 때문이다. 과연 그 간극을 어떻게 극복할 것인가? 현대의 성경 독자들이 말씀을 그저 지면에 기록된 '글자'로서가 아니라 지금 내게 말씀하시는 살아 있는 '음성'으로 듣기 위해서는 무언가 의지적인 노력이 필요하다.

첫째 아들의 '잊혀진' 존재감, 둘째 아들의 '미친' 존재감

예수님의 비유를 기록된 '글자'로서가 아니라 살아 있는 '음성'으로 듣기 위해서 우리는 어떤 노력을 해야 할까? 그것은 비유 스토리의 현장에서 벗어난 '제3자'로서 비유를 분석하려는 자세를 지양하고, 예수님의 입에서 구수하게 전해지는 스토리를 그분의 발밑에서 직접 듣는 '청중'이 되는 것이다.

우리는 21세기 첨단 산업화 사회를 살아가는 현대인이 아니라 1세기 이스라엘 땅의 소작농이 주류를 이루는 농촌 사회라는 렌즈를 통해서 예수님의 비유를 이해해야 한다. 그러할 때 우리는 해석자들의 상상 속에서 주관적으로 창안된 장황한 주석들에서 벗어나, 예수님이 비유를 통해 전하고자 한 본뜻과 중심 교훈을 놓치지 않게 된다.

예수님이 구술로 전하신 비유들은 저마다 단순하고도 명료한 한 가지의 중심 교훈을 담고 있다. 후에 비유의 해석가들이 각각의 비유에 붙인 제목들은 마땅히 그 본뜻과 중심 교훈을 더욱 생생하게 부각시키는 것이어야 마땅하다.

'돌아온 탕자의 비유'란 제목은 비유에 등장하는 세 명의 주인공 가운데 유독 '둘째 아들'에만 초점을 맞추고 있다. 하지만 이 제목은 예수님이 소위 '돌아온 탕자의 비유'를 말씀하시게 된 배경을 이해할 때 그다지 적절치 않은, 오히려 비유의 중심 교훈에서 벗어난 제목임을 알 수 있다.

누가복음 15장에 연속으로 등장하는 세 개의 비유는 하나의 동일한 메시지를 전하고 있다. 그것은 곧 죄인들의 구원을 통한 하나님 자신의 '기쁨'과 그 기쁨에 동참하지 않고 여전히 완악함과 적대감으로 충만한 바리새인들의 '원망과 불평'을 뚜렷하게 대조하는 것이다.

누가복음 15장은 이렇게 시작하고 있다.

> "모든 세리와 죄인들이 말씀을 들으러 가까이 나아오니 바리새인과 서기관들이 수군거려 이르되 이 사람이 죄인을 영접하고 음식을 같이 먹는다 하더라"(눅 15:1-2).

예수님은 바리새인과 서기관들의 '원망과 불평'을 듣고 '돌아온 탕자의 비유'로 대표되는 일련의 시리즈 비유들을 말씀하셨다. 저자 누가는 '원망하여'로 번역된 헬라어인 '디아공귀조'(διαγογγύζω)를 삭개오와 식탁 교제를 하려는 예수님에게 쏟아진 불평에서도 동일하게 사용하고 있다. 비록 여기서는

'수군거려'로 다르게 번역되어 있지만 헬라어 원어는 두 경우 모두 같은 단어를 쓰고 있다.

> "뭇 사람이 보고 수군거려 이르되 저가 죄인의 집에 유하러 들어갔도다 하더라"(눅 19:7).

두 구절에 나타난 원망과 불평은 민수기 14장에 나오는 역사적인 불평을 떠오르게 한다. 바로 가나안 땅을 탐지한 열두 정탐꾼의 보고를 듣고 이스라엘 백성이 모세와 아론에게 터뜨린 불평이다.

> "이스라엘 자손이 다 모세와 아론을 원망하며 온 회중이 그들에게 이르되 우리가 애굽 땅에서 죽었거나 이 광야에서 죽었으면 좋았을 것을 어찌하여 여호와가 우리를 그 땅으로 인도하여 칼에 쓰러지게 하려 하는가 우리 처자가 사로잡히리니 애굽으로 돌아가는 것이 낫지 아니하랴"
> (민 14:2-3).

누가복음의 두 군데 구절에서 저자 누가가 '원망과 불평'을 나타내는 동일한 헬라어 단어를 선택한 것은 아마도 모세시대와 예수시대의 이스라엘 백성들을 나란히 놓고 대조하려는 의도였을 것이다. 이로써 역사의 거울을 들이대며 예전에 이스라엘 백성이 모세와 아론을 배척했던 것처럼 현재의 이스라엘 백성도 예수를 배척하고 있음을 드러내려는 것이다.

'돌아온 탕자의 비유'는 함께 기뻐하지 못하고 원망과 불평만을 일삼는 바리새인과 서기관들에게 던지는 일종의 경고적 메시지를 담고 있다. 이러한 상황과 배경을 알 때 우리는 비유의 스토리에서 둘째 아들보다 오히려 첫째 아들에게 더 초점을 맞춰야 함을 알 수 있다.

'돌아온 탕자의 비유'는 망나니 같은 둘째 아들을 한없는 사랑으로 받아 준 자상한 아버지를 통해 단지 따뜻한 솜털로 덮인 기분 좋고 감동적인 이야기만을 전하고 있는 것이 아니다. 오히려 예수님은 이 비유를 통해 죽었다가 살아온 동생을 보고도 함께 기뻐하지 못하는 첫째 아들의 싸늘하고도 냉소적인 무관심을 집중 조명하고 있다. 그리고 첫째 아들을 너무도 빼어 닮은 종교지도자들을 겨냥해 중대한 경고 나팔을 불고 있는 것이다.

우리는 지나치게 부각된 둘째 아들의 존재감으로 인해 상대적으로 잊혀질 수밖에 없던 첫째 아들의 존재감을 회복시켜야 한다. 그럴 때 우리는 예수님이 이 비유를 통해서 전하시고자 했던 본래의 교훈과 메시지에 한층 더 가까이 다가갈 수 있다.

첫째 아들은 결코 둘째 아들을 빛내기 위한 조연이 아니다. 오히려 스토리의 목적과 구성에서 볼 때 둘째 아들에 버금가는, 아니 오히려 능가하는 주인공이라 할 수 있다.

사랑이 많은 아버지와 잃어버린 두 아들의 비유

예수님의 비유 중 상당수는 당시의 종교지도자 집단을 향해 정확하게 겨냥된 경고와 논쟁적인 성격을 담고 있다. '돌아온 탕자의 비유'란 제목이 붙은 이 비유도 예외가 아니다. 우리는 '돌아온 탕자의 비유'를 제대로 이해하기 위해 스토리에서 지나치게 부각된 둘째 아들과 상대적으로 잊혀질 수밖에 없었던 첫째 아들의 존재감 사이의 밸런스를 찾아야 한다. 아울러 두 아들을 품는 아버지의 존재감에도 새롭게 주목해야 한다. 그러할 때 아버지, 첫째 아들, 둘째 아들을 삼각 편대로 하는 이 비유의 스토리 현장 속으로 제대로 올인할 수 있다.

이 비유는 사랑의 관계가 깨어진 '브로큰 패밀리'(broken family)를 배경으로 하고 있다. 여기에는 흔히 우리가 알고 있듯이 한 명이 아닌, 두 명의 탕자가 등장한다. 한 명은 망나니처럼 집을 뛰쳐나간 탕자요, 다른 한 명은 소처럼 집 안에서 꿋꿋하게 버티고 있는 탕자다. 아버지에게 반항하는 스타일만 달랐다뿐이지 두 아들은 모두 '탕자'다.

비유를 통해 말씀하시는 예수님의 참된 목적은 당시 청중에게 친숙한 캐릭터와 이미지를 사용해서 하나님의 속성과 그분께 대한 인간의 마땅한 도리를 가르치는 데 있다. 둘째 아들은 하나님과의 관계를 거부하고 반역해 자기의 길을 가는 사람의 전형이다. 첫째 아들은 하나님을 종교적 관습으로 열심히 섬기지만 그분의 위대한 사랑을 오해하고 그 속에 쓴 뿌리를 품고 있는 사람의 전형이다.

첫째 아들은 존경 받고 거룩하게 보이는 죄인의 전형이고, 둘째 아들은 만인의 지탄을 받는 죄인의 전형이다. 스타일만 다르지 결국 두 아들은 모두 아버지의 용서와 사랑이 필요한 죄인일 뿐이다. 우리는 스타일이 다른 두 종류의 죄인을 통해 나의 모습을 발견하고 찔림과 도전을 받아야 한다. 모든 인간은 결국 두 종류의 죄인 중 반드시 어느 한 부류에 속하기 때문이다.

예수님은 이 비유를 통해 복음의 단순함이 얼마나 영광스러운지, 감히 헤아릴 수 없을 만큼 하나님의 은혜가 얼마나 부요한지, 심히 괴로울 정도로 인간의 부패가 얼마나 뿌리 깊은지, 하나님의 은혜로운 구원이 얼마나 아름다운지, 천국의 기쁨이 얼마나 경이로운지에 대해 심오한 메시지를 전달하고 있다.

여기에 예수님의 비유만이 가지고 있는 놀라운 모순과 역설이 있다. 즉 예수님의 비유는 어린아이들도 쉽게 줄거리를 따라갈 수 있을 만큼 너무나 단순하다. 동시에 예수님의 비유는 그 비유가 담고 있는 주제를 연구한 것을 몇 권의 책으로 쏟아낼 수 있을 만큼 충분히 심오하다.

이 비유가 탄생한 상황과 목적 그리고 교훈 등을 종합적으로 고려해 볼 때 오히려 '사랑이 많은 아버지와 잃어버린 두 아들의 비유'란 제목이 더 타당하지 않을까 싶다. 지금부터 우리는 잃어버린 두 탕자를 향해 두 팔을 벌리고 사랑하고 용서하는 아버지를 만나러 가는 여정을 출발하고자 한다.

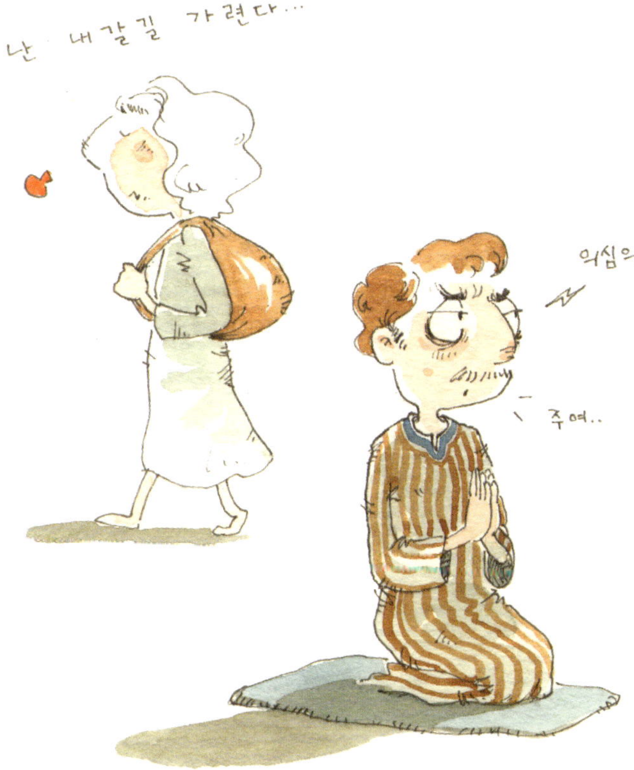
난 내갈길 가련다...
의심의 눈초리..
주여..

둘째 아들을 왜 '탕자'라고 하는가?

성서시대의 재산상속법

현대 사회에서는 부모님이 살아생전에 자식들에게 유산을 미리 주는 일이 있다.
하지만 1세기 유대인 청중에게 둘째 아들의 요구는 '아버지의 두 눈에 흙이 들어가기 전에는'
도저히 있을 수 없는 불효막심한 행위였다. 바로 여기에 '돌아온 탕자의 비유'를
이해하기 위한 문화적 포인트가 숨어 있다.

앞선 두 개의 장(chapter)에서 우리는 이 비유가 나오게 된 배경과 비유의 제목과 관련된 적합성 여부를 놓고 살펴보았다. 이제 우리는 소위 '돌아온 탕자의 비유'로 불리는 본 스토리 속으로 들어갈 준비가 되었다. 비유의 제목이 그다지 적합하지 않음을 지적한 바 있지만, 나는 이후의 언급에서도 계속 '돌아온 탕자의 비유'란 제목을 쓰려고 한다.

2장에서 다룬 비유의 제목과 관련된 약간의 논쟁은 이 비유의 전체적인 구조와 중심 교훈 그리고 메시지를 살펴보기 위해 던져 본 화두일 뿐이고, 아무래도 '돌아온 탕자의 비유'란 제목이 이론의 여지가 없을 만큼 보편적으로 고정화되었기 때문이다. 이른바 '관습의 힘'은 어쩔 수 없다.

우리는 해석자의 입장과 시각에서 '돌아온 탕자의 비유'를 함부로 재단하고 분석하는 우(愚)를 최대한 피하려고 노력할 것이다. 그러기 위해서는 스토리텔러이신 예수님의 스토리 전개 방식을 물 흐르듯 따라가는 것이 도움이 될 것이다.

예수님은 비유의 첫 구절에서 세 명의 주요 등장인물을 소개하셨다.

"또 이르시되 어떤 사람에게 두 아들이 있는데"(눅 15:11).

그리고 이야기가 전개되면서 그 초점은 한 인물에서 다른 인물로 자연스럽게 옮겨진다. 첫 번째 무대에서는 '탕자'로 알려진 둘째 아들이 스토리의 중심을 이룬다(12-20절). 하지만 중반부로 넘어가면서 스포트라이트는 아버지에게로 바뀌더니(21-24절), 결론으로 치달으면서는 뒤에서 숨죽이고 있던 첫째 아들이 전면에 등장한다(25–31절).

해석자의 '인위적인' 분석을 피한다고 해도, 예수님의 스토리 전개 방식을 따라가다 보면 이야기는 '자연스럽게' 세 단락으로 나뉜다. 그리고 한 단계에서 다음 단계로 넘어갈 때마다 청중은 충격과 반전을 경험한다. 스토리는 누가 보더라도 악당이요 탕자로 보이던 둘째 아들의 등장으로 시작한다. 하지만 마지막 단락에서 진짜 악당이요 탕자는 첫째 아들임이 판명 난다.

이번 장에서는 예수님의 스토리 전개 방식을 따라 '돌아온 탕자의 비유'에서 첫 번째 주인공으로 등장하는 둘째 아들에 대한 이야기부터 다루어 보고자 한다. 흔히 '탕자의 대명사'로 불리는 둘째 아들 이야기는 비유 전체에서 가장 많은 부분이 할애되어 있다.

그런데 이번 장을 시작하면서 던진 '둘째 아들은 왜 탕자인가?'라는 질문은 우리를 무척이나 당황하게 만든다. 우리는 '돌아온 탕자의 비유'를 읽으면서 둘째 아들은 누가 보더라도 탕자라고 믿어 의심치 않았다. 아니 탕자를 보고 탕자라고 하는데 거기에 무슨 이유를 달고 토를 달 수 있단 말인가? 세상에 이런 질문도 있나 싶을 것이다.

둘째 아들은 두말할 나위 없는 탕자지만, 망나니 같은 둘째 아들을 바라보면서 '탕자'라고 느끼는 1세기 유대인 청중과 현대의 성경 독자들 사이에는 쉽게 좁혀지지 않는 시각의 차이가 있다. 그러한 문화적 간격을 좁혀 보기 위해 나는 조금은 황당하게 보일 수 있는 "둘째 아들을 왜 탕자라고 하는가?"라는 질문을 던지고 이번 장을 시작한 것이다.

둘째 아들의 유산 요구: 패역무도하고 후안무치한 행동

'돌아온 탕자의 비유'는 아마도 교회의 주일학교 연극 무대에서 가장 많이 공연되는 스토리일 것이다. 대체로 '탕자'인 둘째 아들의 생활은 불야성을 이루는 환락의 도시인 라스베이거스에서 술과 도박 그리고 연애질로 소중한 유산을 흥청망청 탕진하는 모습으로 그려진다. 둘째 아들에 대한 이러한 현대적인 각색은 '탕자'에 대한 현대인의 기준과 시각을 잘 보여 준다고 하겠다.

현대의 성경 독자들이 둘째 아들을 탕자로 판단하는 근거는 아버지가 소중하게 일군 재산을 물려받아 먼 나라로 가서 허랑방탕한 삶으로 탕진했기 때문이라는 것이다. 하지만 예수님의 발밑에서 이 비유를 듣고 있던 1세기 유대인 청중의 시각은 전혀 달랐다. 물론 둘째 아들이 탕자라는 데는 양자 간에 이견이 없지만, 둘째 아들을 탕자로 정죄하는 이유에서는 문화적 차이가 있다.

스토리텔링의 마술사인 예수님은 스토리의 시작과 함께 둘째 아들의 되바라진 행동을 묘사하면서 청중을 비유의 현장 속으로 끌어들이고 있다.

> "그 둘째가 아버지에게 말하되 아버지여 재산 중에서 내게 돌아올 분깃을 내게 주소서 하는지라"(눅 15:12).

현대의 성경 독자들이 보기에는 어차피 자기에게 돌아올 유산을 미리 당겨서 달라는 둘째 아들의 요구가 그리 권장할 만하고 바람직하지는 않지만, 충분히 있을 법한 행동으로 보일 것이다. 어차피 자신에게 돌아올 유산을 요구한 둘째 아들의 행동이 단순히 성격이 조급한 것쯤으로 비쳐질지 모르겠다. 흔치는 않지만 현대 사회에서는 부모님이 살아생전에 자식들에게 유산을 미리 주거나 또 자식들도 부모님께 유산을 미리 달라고 조심스럽게 요청하는 일이 있다. 하지만 1세기 유대인 청중에게 둘째 아들의 요구는 '아버지의 두 눈에 흙이 들어가기 전에는' 도저히 있을 수 없는 불효막심한 행위였다. 바로 여기에 '돌아온 탕자의 비유'를 이해하기 위한 문화적 포인트가 숨어 있다.

여기서 오랜 기간 레바논, 이집트, 시리아, 이라크, 팔레스타인 등지를 돌며 다양한 중동 국가에서 살았고, 베이루트에 있는 근동 신학교(Near Eastern School of Theology)에서 다년간 성경을 가르친 케네스 베일리(Kenneth Bailey)에 대해 소개하는 것이 좋을 것 같다.

그는 다년간 중동 지역에 살면서 교실에서 가르치기만 한 것이 아니라 1세기 신약성경 시대의 생활 풍습을 아직까지도 상당 부분 고수하고 있는 중동 지역 농부들의 언어와 관습을 찾아다니며 깊이 파고들었다. 농부들의 문화에 친숙해진 베일리는 다수의 저작들을 통해 예수님의 비유를 이해하는 데 도움을 주는 신선하고 독창적인 열쇠를 제공했다. 신약학자인 토머스 라이트(N. T. Wright)는 베일리가 예수님의 비유를 읽는 모든 자들에게 "눈먼 자들의 눈이 되어 주었다"고 극찬을 한 바 있다. 《열린다 비유》 시리즈를 구상하던 나에게 가장 깊은 감동과 영적 통찰력을 준 책도 바로 베일리의 저작들이었다.

베일리는 자신의 책 《시인과 소작농》(Poet and Peasant)에서 비유 속에 나오는 둘째 아들의 요구가 중동의 농촌 사회에서 어떻게 받아들여지는지를 다음과 같이 기록하고 있다. 이 기록은 주변 사람들을 대상으로 자신이 직접 실시한

설문조사의 형태를 띠고 있다.

  "당신 마을에서 살아 있는 아버지에게 유산을 요구하는 경우를 본 적이
  있는가?"
  "결코 본 적이 없다!"(Never)
  "누군가 그런 요구를 할 수 있다고 보는가?"
  "불가능하다!"(Impossible)
  "누군가 그런 요구를 한다면 무슨 일이 일어날까?"
  "물론 그 아버지는 아들을 죽도록 때릴 것이다!"
  "왜?"
  "그런 요구는 아버지가 죽기를 바라는 것과 같기 때문이다."

  베일리는 또한 의사로서 활력이 넘치는 삶을 살아오던 어느 아버지에게 실
제로 일어났던 사건을 기록하고 있다. 이 아버지의 아들이 '돌아온 탕자의 비
유'에 나오는 둘째 아들처럼 도저히 해서는 안 되는 요구를 한 것이다. 유산
을 요구한 아들로 인해 깊은 근심과 시름에 빠진 아버지는 자신이 출석하는
교회의 목사에게 상담을 구하며 이렇게 하소연했다.
  "목사님, 아들이 제가 죽기를 바라요."
  건강하던 아버지는 시름시름 앓다가 결국 3개월 후에 죽었다. 장례식장에
서 어머니는 그 불효자식에게 이렇게 말했다.
  "얘야, 네 아버지는 네가 유산을 요구한 순간 이미 죽으신 거란다."

냉정하고 권위적인 고대 세계의 아버지

멀쩡히 살아 있는 아버지에게 유산을 달라고 요구한 둘째 아들은 1세기 이스라엘 사회의 가치관에서 볼 때 가장 저속한 형태의 망나니였다. 그리고 그의 요구는 단순히 철부지 아들의 어리광과 투정을 넘어서 상징적인 존속살해죄를 고의로 저지른 패역무도한 짓이었다.

둘째 아들의 요구에 대한 당시와 현대의 시각차를 이해하기 위해서는 현대의 핵가족 문화와는 판이하게 달랐던 고대 세계의 가족관계, 특히 가족 내에서 아버지의 권위와 존재감에 대해 알아야 한다. 고대 세계에서 아버지는 우리의 상상을 초월할 만큼 냉정하고 권위가 있었다. 아버지는 통상적으로 자식들과 친밀한 관계를 맺지 않았다.

현대적 의미에서 '좋은 아버지'를 뜻하는 '자상하고 자식들과 잘 놀아 주는 아버지'는 고대 세계의 좋은 아버지 코드와는 거리가 멀어도 한참 멀었다. 냉정하고 권위적인 부자관계는 중동에 속한 이스라엘뿐 아니라 우리나라에서도 그다지 낯선 풍경은 아니다.

조선시대를 다루는 사극을 보더라도 부자관계가 지금과는 비교할 수 없을 만큼 냉정하고 권위적인 것을 엿볼 수 있다. 소년 티를 갓 벗어난 아들이 아버지를 깍듯하게 대하는 모습을 보면서 몇 세기 전의 자녀들이 지금보다 훨씬 일찍 철이 들고 성숙했지 않았나 싶다.

가정 내에서 아버지의 가부장적 권위는 때로 국가의 법마저 초월할 만큼 막강했다. 아버지는 문자 그대로 자식들을 거의 소유하다시피 했다. '정략결혼'이란 이름으로 자식들의 결혼을 임의로 결정했고 자신의 뜻대로 자식들을 다룰 수 있었다.

냉정하고 권위적인 아버지에 대한 좋은 예는 사극 〈근초고왕〉에서 찾을 수 있다. 부여화 공주는 아버지인 계왕의 명령으로 인해 자신이 사랑하는 부여구 왕자(훗날 근초고왕)를 마음에서 지워 버리고 고구려의 고국원왕에게 시집을 간다.

특히 권위적인 아버지에 대한 자식의 비범한 순종의 예는 계왕의 아들인 부여민에게서 잘 드러난다. 계왕은 새롭게 자신의 제1왕후가 된 완월당의 집요한 요구로 인해 완월당 소생의 아들인 부여찬을 태자로 책봉한다. 이것은 계왕의 조강지처인 제2왕후 소숙당 소생의 부여민으로서는 용납하기 힘든 상황이다. 그러나 부여민은 당연히 자신에게 돌아와야 할 태자의 자리를 부여찬에게 빼앗기고도 아버지인 계왕에게 불평하지 않는다. 오히려 그는 모멸감을 참고 아버지에게 이렇게 간청하며 흐느낀다.

"아바마마, 아버님의 자식으로서 미덥지 못한 제 자신이 한없이 부끄럽습니다. 부끄러움과 자괴감으로 더 이상 살아가는 것이 힘이 듭니다. 이 세상에 태어날 수 있도록 허락하신 분도 아버님이시니 어찌 제 스스로 목숨을 끊겠습니까? 부디 아버님의 손으로 이 못난 자식의 목숨을 끊어 주십시오."

현대의 가정에서라면 자식이 아버지에게 반항하며 대드는 것이 자연스런 풍경이겠지만, 고대 세계에서는 아무리 아버지가 부당하게 대해도 자식은 절대 반항해서는 안 되었다.

1세기 이스라엘 사회의 가족 문화에서는 '네 부모를 공경하라'는 제5계명이

지배적인 율법으로 자리 잡고 있었다. 이런 문화적 상황에서 둘째 아들이 멀쩡히 살아 있는 아버지에게 유산을 요구한 사실은 삽시간에 퍼져 나가 그 마을 전체를 벌집 쑤시듯 쑤셔 놓은 희대의 스캔들이었을 것이다.

'명예'를 최고의 가치로 여기던 1세기 이스라엘 사회에서 탕자의 유산 요구는 자식이 아버지에게, 더 나아가 마을 전체에 안겨 줄 수 있는 가장 커다란

'수치'요 '모욕'이었다. 아무리 상상력이 풍부한 스토리텔러라 해도, 자식으로서 아버지에게 이보다 더한 수치를 안겨 줄 수 있는 다른 각본은 도무지 짜낼 수 없을 것이다.

이처럼 예수님의 비유는 당시의 청중이 실제 삶에서 접하는 캐릭터와 이미지를 배경으로 펼쳐지지만, 때로 현실 속에서는 좀처럼 찾아보기 힘든 과장과 풍자가 들어 있다. 어쩌면 이것이 비유를 듣는 청중을 스토리의 현장 속으로 단숨에 몰입시키는 예수님만의 수사학적 기교였는지 모른다.

생전에 자식에게 유산을 분배한다는 것은…

우리는 구약성경에 나오는 두 개의 중요한 케이스를 예로 들면서 둘째 아들의 무례한 요구를 새로운 각도에서 살펴볼 수 있다.

> "그때에 히스기야가 병들어 죽게 되매 아모스의 아들 선지자 이사야가 그에게 나아와서 그에게 이르되 여호와의 말씀이 너는 집을 정리하라 네가 죽고 살지 못하리라 하셨나이다"(왕하 20:1).

하나님은 선지자 이사야를 통해 히스기야 왕의 임박한 죽음을 알리셨고 '구두 유언'을 통해 삶을 조용히 정리하도록 방향을 잡아 주셨다.

"너는 집을 정리하라."

열린다 비유
돌아온 탕자 이야기

이는 자녀들에게 유산을 분배해 주라는 말이다. 임박한 죽음 앞에 구두로 유언을 남기는 것은 신구약 시대 전체에서 일반적이었다. 이처럼 아버지가 살아서 유언을 남기는 경우는 반드시 아버지의 임박한 죽음이라는 특별한 상황에 한에서 이루어졌다. '돌아온 탕자의 비유'에서처럼 아버지가 건강한 상황에서 이루어지는 유산 분배는 실제로는 찾아볼 수 없는 진풍경이라는 것이다.

> "아브라함이 이삭에게 자기의 모든 소유를 주었고 자기 서자들에게도 재산을 주어 자기 생전에 그들로 하여금 자기 아들 이삭을 떠나 동방 곧 동쪽 땅으로 가게 하였더라"(창 25:5-6).

이 말씀에서도 우리는 아브라함이 이삭과 후처인 그두라에게서 낳은 서자들에게 유산을 나누어 주는 것을 볼 수 있다. 이어지는 말씀에서 아브라함이 임종을 맞는 것을 보면 여기에 나오는 유산 상속도 아브라함이 임박한 죽음을 감지하고 이루어진 것임을 알 수 있다.

> "아브라함의 향년이 백칠십오 세라 그의 나이가 높고 늙어서 기운이 다하여 죽어 자기 열조에게로 돌아가매"(창 25:7-8).

아브라함은 자신이 죽은 후에 적자인 이삭과 서자인 그두라 소생들 간에 일어날 유산 분쟁을 미연에 방지하기 위해 죽음 직전에 유산 분배를 마쳤고 이를 더 확실히 하기 위해 그두라 소생들을 멀리 동방으로 떠나보냈다. 아브라함의 유산 분배 과정을 보면 그 주도권이 철저하게 아버지인 아브라함에게 있음을 알 수 있다. '돌아온 탕자의 비유'에서처럼 자식이 선수를 쳐서 먼저 유산을 요구하고 아버지가 마지못해 그에 응하는 경우와는 차원이 완전히 다른 것이다.

아버지가 살아서 자식에게 유산을 나누어 주는 것과 관련해서 신구약 시대 이스라엘 사람들이 가졌던 관습적인 지혜를 엿볼 수 있는 구절이 주전 2세기 유대 문헌인 시락서에 나온다.

> "너는 아들이건 아내건 형제건 친구건 네가 살아 있는 동안에는 아무에게도 권력을 양도하지 말라. 너의 재산을 아무에게도 주지 말라. 나중에 그것이 아쉬워 후회할 날이 올 것이다. 너의 목숨이 붙어 있는 한 아무에게도 너의 자리를 양보하지 말라. 네가 자식들에게 의지하는 것보다 자식들이 너에게 의지하게 만드는 것이 낫다. 너는 무슨 일을 하든지 남보다 뛰어나게 하고 네 명예에 오점을 남기지 말라. 네 수명이 다하여 죽을 때가 오거든 네 재산을 나누어 주라"(Sirach 33:20-24).

살아서 유산을 분배하는 것과 관련된 시락서의 지혜는 주후 6세기에 기록된 탈무드에서 더욱 강화된 형태로 재차 확인된다.

> "아무리 하나님께 울부짖어도 응답 받지 못하는 기도가 셋 있다. 첫째는

증인 없이 자신의 돈을 빌려 주는 사람이다. 둘째는 자신의 재산을 이 방인에게 넘기는 사람이다. 셋째는 살아서 재산을 자식들에게 물려주는 사람이다"(b. Baba Mesia 75b).

둘째 아들이 탕자인 세 가지 이유

아버지의 가부장적인 권위와 생전에 자식에게 유산을 분배하는 것과 관련된 성서시대 이스라엘 사람들의 사고를 이해할 때 우리는 둘째 아들의 행동이 단지 철부지의 어리광 수준을 한참 넘어서는 심각한 행동임을 알 수 있다.

당시의 문화적 틀 안에서 볼 때 둘째 아들의 행동은 세 가지 측면에서 심각한 문제가 있었다. 그리고 바로 그러한 점 때문에 둘째 아들이 1세기 유대인 청중에게 '탕자'로 인식된 것이다.

이유 1: 제사보다 젯밥에… 아버지보다는 아버지 재산에…

첫째, 버젓이 살아 있는 아버지에게 유산을 요구했다는 것이다.

"그 둘째가 아버지에게 말하되 아버지여 재산 중에서 내게 돌아올 분깃을 내게 주소서 하는지라"(눅 15:12).

‘재산 중에서 내게 돌아올 분깃’이라고 번역된 헬라어 표현은 성경 말씀 가운데 다른 곳에서는 자주 발견되지 않는다. 그것은 ‘유산(inheritance)에 해당하는 정상적인 헬라어 단어가 아니다. 재산의 형태가 금융자산과 같은 동산과 토지와 같은 부동산의 개념으로 확실하게 구분된 현대 사회와는 달리, 성서시대의 재산은 대부분 토지와 관련된 부동산의 개념이 압도적으로 컸다.

‘분깃’에 사용된 헬라어인 ‘메로스’(μέρος)는 성서시대 재산의 대부분을 차지하던 부동산, 고정 자산, 가족 재산 등 영구히 자리 잡을 만한 어떤 것에 일상적으로 적용되는 단어가 아니었다. 대신 개인적인 소장품, 특히 유동 재산과 금융 재산을 가리키는 단어였다. 그러니까 이 말은 문자적으로 ‘가족의 소유물 가운데 내 몫’을 의미한다. 둘째 아들은 자기 몫을 몽땅 현금으로 지불해 주기를 요구했던 것이다.

토지를 중심으로 한 가족 재산이 주류를 이룬 성서시대 경제 상황에서 둘째 아들이 요구한 ‘내 몫의 유산’, 그것도 ‘현금화된 재산’의 요구를 어떻게 이해해야 할까? 결국 둘째 아들의 요구는 액면 그대로 표현하면 이런 뜻이 된다.

“아버지, 나에게 필요한 것은 아버지가 아니고 아버지가 소유하고 있는 재산입니다. 저에게 돌아올 분깃이나 주십시오.”

“아버지, 아버지는 저에게 있어서 죽은 것이나 다름없습니다. 그러니 나에게 할당된 유산을 미리 물려주십시오.”

“아버지, 저는 아버지가 빨리 돌아가시면 좋겠습니다. 아버지는 제 장래 계획을 방해하는 걸림돌입니다. 장애물일 뿐이라고요!”

이유 2: 토지를 함부로 팔 수 없는데…

둘째, 재산을 처분하고 즉시 현금화했다는 것이다.

> "그 후 며칠이 안 되어 둘째 아들이 재물을 다 모아 가지고 먼 나라에
> 가"(눅 15:13).

버젓이 살아 있는 아버지에게 유산을 요구한 것도 심히 배은망덕한 행위이지만 '탕자'로서 둘째 아들의 진면목은 받은 재산을 즉시 처분하고 현금화한 데서 더욱 명백하게 드러난다. 이 부분은 현대의 성경 독자들에게 흔히 간과되기도 한다. 하지만 이것은 '유산을 받았으니까 당연히 그 돈을 챙겨 먼 나라로 훌쩍 떠났겠지' 하고 쉽게 넘어갈 수 있는 부분이 아니다.

앞서 언급한 대로 토지를 중심으로 한 고정 자산과 가족 자산의 개념이 성서시대 경제의 근간이었다. 세대에서 세대로 이어지는 가족 토지에 관한 법률은 모세의 율법 중 가장 중요하게 적용되었다. 즉 가족 토지와 재산은 가족 계통 바깥으로 함부로 매매되거나 양도되어서는 안 되었다. 처참한 파산을 피하기 위해 어쩔 수 없이 토지를 팔아야 할지라도 모세의 율법은 50년마다 맞이하는 희년의 해에 합법적인 가족에게 그 재산을 다시 반환하도록 규정하고 있다(레 25:23-34).

유산으로 물려받은 토지를 온전하게 지켜야 하는 의무는 성서시대 이스라엘 사람들의 무의식 속에 깊이 뿌리내리고 있었다. 아합 왕과 나봇의 포도원 이야기는 유산으로 물려받은 토지를 소중하게 지키던 이스라엘 사람들의 사고를 잘 보여 주는 대표적인 경우라 할 것이다. 아합 왕은 이스르엘 평야에 별궁을 갖고 있었지만 그 옆에 있는 나봇의 포도원이 탐났다. 그곳에서 채소밭을 가꾸고 싶던 아합 왕은 결코 자신의 왕권을 남용해 나봇의 포도원을 빼앗으려고 한 것이 아니다. 오히려 값을 후하게 쳐서 구매하려고 했다. 하지만 나봇은 그 포도원이 조상들로부터 내려온 유산임을 내세워 아합 왕의 제안을 완곡하게 거절했다.

"나봇이 아합에게 말하되 내 조상의 유산을 왕에게 주기를 여호와께서 금하실지로다 하니"(왕상 21:3).

토지를 단지 '투자'의 수단으로만 보는 현대인들 같았으면 값을 잘 쳐주겠다는 아합 왕의 제안에 속으로 '빙고!'를 외치면서 후딱 팔아치우고 그 돈으로 더 넓이 좋고 투자 가치가 높은 땅을 살 것이다. 하지만 유산으로 받은 토지는 함부로 팔지 못하도록 율법은 엄격히 금하고 있다.

"토지를 영구히 팔지 말 것은 토지는 다 내 것임이니라 너희는 거류민이요 동거하는 자로서 나와 함께 있느니라"(레 25:23).

유산으로 받은 토지에 대한 성서시대 이스라엘 사람들의 애착을 알 때 유산을 미련 없이 처분한 둘째 아들의 행동은 비유를 듣고 있던 청중을 기겁하게 만드는 것이었다.

유산으로 받은 토지를 쉽게 처분한 둘째 아들의 행동이 내뿜하고 있는 극도의 무례함은 여기서 끝나지 않는다. 당시 랍비 문헌인 미쉬나는 살아서 유산을 미리 나누어 준 아버지의 경우를 특수한 판례로서 자세하게 언급하고 있다. 이 내용을 쉽게 풀어서 정리하면 다음과 같다.

"아버지가 죽기 전에 자식에게 재산을 미리 분배할 수 있다. 하지만 이런 경우에도 아버지가 세상을 떠날 때까지 그 아들들은 받은 유산에 대해 완전한 재산권을 행사하지 못한다. 부모 공경을 최고의 가치로 여기던 당시의 문화에서 모든 아버지는 죽을 때까지 가족의 재산을 최종적으로 책임지는 위치에 계속 머물러 있어야 한다.

유산을 분배 받은 아들들은 아버지가 세상을 떠날 때까지 그 재산을 잘 간직하고 있어야 한다. 물론 아들들은 그 땅이 자기 것인 양 얼마든지 경작하고 그 땅에서 생산된 소출을 차지할 수 있다. 하지만 남에게 함부로 그 땅을 매각할 수는 없다.

혹여 아들이 유산으로 받은 토지를 제3자에게 팔았다고 해도 토지를 구매한 사람은 그 아버지가 죽을 때까지 자기 앞으로 소유권 이전을 할 수가 없다. 이러한 토지 거래는 아버지가 죽은 후에야 완성된다. 결국 자식들은 아버지가 생전에 유산을 물려준 경우라 할지라도 그 유산에 대해서 '소유권'은 가질 수 있지만 '처분권'은 가질 수 없다는 것이 이러한 판례의 핵심이다"(m. Baba Batra 8.7).

이상 미쉬나에 나오는 특수한 판례를 통해 우리는 두 가지 사실을 새롭게 이해할 수 있다.

첫째, 둘째 아들이 돌아온 후에 아버지가 보여 준 행동에 대해서다. 아버지는 둘째 아들이 유산을 요구했을 때 이미 첫째와 둘째에게 모두 유산을 나누어 주었다. 그렇다면 아버지에게 남아 있는 재산이 하나도 없을 터인데, 아버지는 둘째 아들이 돌아오자 송아지를 잡는 등 성대한 파티를 열었다. 그 돈은 과연 어디서 난 것일까? 미쉬나에 나오는 판례는 이미 유산을 물려주었더라도 아버지는 살아 있는 동안 여전히 가족 재산을 최종적으로 책임지는 위치에 있었음을 알 수 있다.

둘째, 둘째 아들이 유산을 처분하고 현금화한 행위에 대해서다. 아버지가 살아 있을 때 유산을 미리 받았더라도 자식은 그 유산의 소유권만 가질 뿐 처분권을 갖지 못했다. 자식으로부터 토지를 구매한 사람은 원소유자인 아버지가 죽은 후에야 자신 앞으로 소유권 이전이 가능했기 때문이다. 아울러 예나 지금이나 토지를 사고파는 행위는 상당한 시일이 걸리는 경제활동이다. 이런 상황에서 둘째 아들은 어떻게 순식간에 토지를 현금화하고 먼 나라로 떠날 수 있었을까?

그는 분명 공정하고 정확한 감정가에 훨씬 못 미치는 헐값에 토지를 넘겨야 했을 것이다. 이런 상황은 마치 3개월, 또는 6개월짜리 어음을 갖고 있는 사람이 그 어음을 급하게 현금화해야 하는 상황과 비슷하다. 그 사람은 분명 어음을 들고 사채 시장을 찾아갈 것이고, 즉시 현금화하는 조건으로 그 어음이 가지고 있는 실제 가치보다 훨씬 낮게 팔아치울 수밖에 없다.

유산을 미리 받더라도 아버지가 죽기 전까지는 함부로 처분하지 못하도록 한 미쉬나의 율법 해석은 자식에게 부모에 대한 책임과 의무를 지우기 위함이었다. 유산을 미리 받았더라도 자식은 그 유산으로 아버지를 편안하게 모실 책임이 있었다. 하지만 탕자의 머릿속을 가득 메운 유일한 생각은 손에 넣을 수 있는 현금을 들고 가능한 한 신속하게 집구석을 떠나는 것이었다. 탕자는 장기적인 유산의 관리나 유산 상속과 함께 따라오는 책임 따위에는 아무런 관심이 없었다.

이유 3: 내 인생은 나의 것

셋째, 처분한 현금을 가지고 가족을 버리고 먼 나라로 훌쩍 떠났다는 것이다.

성서시대에 한 개인의 정체성을 나타내는 요소는 두 가지였다. 하나는 '그 사람이 누구의 아들인가' 하는 것이고, 다른 하나는 '그 사람의 출생지가 어디냐'는 것이다. 오늘날은 한 개인의 정체성을 보여 주는 '명함'에 이것저것을 채워 넣지만, 성서시대 이스라엘에서 개인은 자신이 속한 가정과 출생지가 그 사람을 나타내는 전부였다. 이스라엘 초대 왕인 사울과 두 번째 왕인 다윗을 예로 들어 그들의 정체성을 설명하면 다음과 같다.

> **사울:** 기브아 출신, 기스의 아들
> **다윗:** 베들레헴 출신, 이새의 아들

둘째 아들이 살아 있는 아버지에게 유산을 요구하고 서둘러 토지를 헐값에 처분한 것까지는 그럭저럭 눈 딱 감고 용서하라면 할 수도 있다. 하지만 처분한 재산을 가지고 아무런 미련도 없이 먼 나라로 떠나 버린 행동은 1세기 유대인 청중에게는 도저히 용납하기 힘든 것이었다. 이것은 부자관계의 최종적 단절이요 아버지에게 씻을 수 없는 수치를 안겨 준 확인사살이었다.

둘째 아들은 먼 나라로 떠남으로써 성서시대 한 개인의 정체성을 이루는 두 개의 중요한 기둥, 즉 혈연과 지연 공동체를 송두리째 거부한 것이다. 이것은 당시의 문화로선 도저히 용납할 수 없는 완전히 볼썽사나운 행동이었다. 뿐만 아니라 둘째 아들 개인의 인생을 놓고 보더라도 앞으로 그의 인생에 닥칠지 모르는 최악의 상황에서 *그가* 마지막으로 의지할 수 있는 버팀목이자 생존권 자체를 무너뜨린 심히 어리석은 행동이었다.

당시의 문화에서 개인의 생존을 위한 마지막 버팀목은 은행에 저축해 놓은 예금이나 미리 가입해 둔 보험이 아니었다. 바로 가족 간의 끈끈한 유대관계가 성서시대 개인이 가지고 있던 사회적 보험이었던 것이다.

성서시대의 문화적 정취가 아직도 많이 남아 있는 중동 지역에서는 이런 상황을 쉽게 엿볼 수 있다. 내전과 전쟁으로 수많은 난민이 발생한 레바논과 팔레스타인 지역에서 난민들은 전 세계에 흩어진 가족 네트워크가 보내오는 십시일반의 후원금으로 목숨을 연명하고 있다. 오늘날 아랍 속담에도 이런 표현이 있다.

"가족이 없는 개인은 등뼈가 없는 사람과 같다."

모세의 율법에서 고아와 과부, 나그네를 특별히 돌볼 것을 강조한 것도 이들이 생존을 위한 최후의 버팀목인 가족 네트워크에 속하지 않은 혈혈단신의 위태로운 개인이었기 때문이다.

유산을 급히 처분하고 혈연과 지연 공동체를 버리고 먼 나라로 훌쩍 떠나

열린다 바유
돌아온 탕자 이야기

버린 둘째 아들의 심정은 어떠했을까? 그로 하여금 이처럼 위태롭고 돈키호테적인 행동을 하게 만든 것은 무엇일까? 먼 나라로 떠나는 둘째 아들 자신도 이것이 얼마나 위험천만한 선택인지 잘 알고 있었을 것이다. 하지만 불구덩이인 줄 알면서도 그 속으로 들어가 타 죽는 불나방처럼, 극도의 반발심에 혈혈단신 집을 뛰쳐나가는 사춘기의 비행 청소년처럼, 둘째 아들의 생각을 완전히 사로잡고 있는 것이 하나 있었다. 그것은 바로 '내 인생은 나의 것'을 외치며 모든 사회적 그리고 문화적 속박에서 벗어나 완전한 자유를 누리는 것이다.

살진 송아지가 당시 부유한 가정에서만 내놓을 수 있는 사치품이었음을 알 때, 탕자의 아버지는 아마도 상당한 부유층이었을 것이다. 하지만 둘째 아들은 부유하고 성공한 아버지의 아들로서 짊어져야 할 의무, 기대감, 청지기의 직분 따위를 벗어던지고 홀가분해지고 싶었다. 무엇보다 자기 부모를 공경하라는 문화적 압박이 진절머리가 날 정도로 싫었다.

그는 가능한 한 모든 의무감과 속박을 벗어던지고 온갖 구속을 물리치고, 특히 '아버지의 권위'로부터 벗어나기로 작정한 것이다. 이것이 모든 위협을 무릅쓰고 둘째 아들이 먼 나라로 훌쩍 떠나 버린 진짜 속내가 아니었을까 싶다. 당시 사회가 둘째 아들에게 내린 최종적인 판단은 그가 도저히 회복이 불가능한 '탕자'라는 것이다. 그러면 도저히 제어되지 않는, 브레이크 없이 내달리기만 하는 이런 아들을 둔 아버지의 심정은 어떠했을까? 아버지는 이렇게 망나니가 되어 버린 아들을 어떻게 다루는 것이 가장 합당했을까?

chapter

04

아버지는 왜 순순히 유산을 나누어 주었을까?

하나님은 힘없는 전능자(?)

아버지는 놀랍게도 반항적인 아들의 요청을 순순히 들어주었다.
아버지가 자식에 대한 전권을 휘두를 수 있는 당시 사회에서 이 아버지는
자신의 가부장적 권위를 털끝만큼도 사용하지 않는다.
아버지가 보여 준 행동은 당시의 사회적 그리고
문화적 요구에 비추어 볼 때 실로 전례가 없는 일이었다.

3장에서 우리는 '탕자'로 알려진 둘째 아들의 행동을 다양한 각도에서 집중 조명해 보았다. 현대의 성경 독자들에게도 둘째 아들은 의심의 여지없이 '탕자'이지만, 비유를 듣던 1세기 유대인 청중이 둘째 아들의 행동을 보고 느끼는 체감 온도는 확실히 달랐다.

아마도 비유를 듣던 청중의 입에서는 이런 장탄식이 흘러나왔을 것이다.

"거참, 세상 말세로고…."

"저런, 저 호래자식을 어떻게 손본담?"

어느덧 '소극적으로' 객석에만 앉아 있던 청중은 무대 위로 올라와 '적극적인' 참견인이 된다. 청중은 소매를 걷어붙이고 이 못된 자식을 어떻게 손봐줘야 할지 당사자인 아버지에게 훈수를 둘 참이다.

하지만 여기서 청중이 두 번째 장탄식을 하게 만드는 또 다른 주인공이 등장한다. 그 주인공은 다름 아닌 '아버지'다. 아버지는 당시의 문화를 이해할 때 도저히 납득할 수 없는 행동을 했다. 아니, 결코 이해해서는 안 되는 행동을 했다. 어찌 보면 둘째 아들의 행동보다 아버지의 행동이 1세기 유대인 청중의 눈에는 더 거슬렸을지도 모른다.

'돌아온 탕자의 비유' 속에 나오는 아버지는 둘째 아들의 되바라진 행동을 보며 가까스로 분을 삼키고 있던 청중을 더욱 흥분시켰고 결국 폭발하게 만들었다. 비유 속의 아버지가 보여 준 행동은 당시 유대인 청중의 눈에 어떻게 비쳐졌을까?

우리가 살아가는 현대 사회에는 두 종류의 아버지 캐릭터가 있다. 첫 번째 캐릭터는 아이들과 잘 놀아 주고 어떠한 응석도 잘 받아 주는 자상하고 인자한 아버지, 하지만 그로 인해 아이들을 철딱서니 없는 응석받이로 만들고 자칫 망칠 수도 있다.

두 번째 캐릭터는 아이들의 잘못을 따끔하게 질책하고 때로는 회초리도 마다않는 엄격하고 권위적인 아버지다. 현대의 성경 독자들에게 두 유형의 아버지 가운데 어느 유형이 좋은 아버지냐고 묻는다면 각자의 주관에 따라 격론이 오갈 것이다.

우리는 둘째 아들을 탕자로 정죄한다는 점에서는 현대의 성경 독자들과 1세기 유대인 청중이 의견의 일치를 보이지만, 그 체감 온도 면에서는 확실히 다름을 앞 장에서 살펴본 바 있다. 1세기 유대인 청중에게는 둘째 아들의 행동이 단순히 응석받이 수준으로 쉽게 넘길 만한 성질이 아니었다.

이것은 아버지의 행동에도 그대로 적용된다. 즉 비유 속에서 아버지가 보여준 행동은 현대의 성경 독자들이 쉽게 '이 아버지는 두 유형의 아버지 중 자상하고 인자한 캐릭터의 아버지군' 하고 쉽게 판단하고 넘길 수준이 아니라는 것이다. 당시의 문화적 요구와 구조 안에서 이해할 때, 둘째 아들의 행동이 단순하지 않았듯이 이에 대응하는 아버지의 행동 역시 단순하지 않았다.

둘째 아들의 행동에 대해 1세기 유대인 청중은 아버지가 어떤 행동을 할 것을 기대하고 또 요구했을까? 자상하고 인자한 이미지를 넘어서, 측은하게까지 보이는 이 아버지의 행동을 보고 비유를 듣던 유대인 청중은 어떤 판단을 내렸을까?

'감 놓아라 배 놓아라' 참견하는 사회

우리는 아버지의 행동이 당시 청중에게 어떻게 비쳐졌을까를 살펴보기에 앞서 현대의 산업 사회, 첨단 정보화 사회와는 확연히 다르던 1세기 이스라엘 사회와 그 속에서 살아가던 사람들의 의식 구조에 대해 이해해야 한다. 똑같은 21세기를 산다고 해도 인구 천만이 넘는 메트로폴리탄인 서울과 강원도 산간벽지에 있는 농촌 마을의 사회는 천양지차로 다를 수밖에 없다.

이처럼 1세기 이스라엘 사회와 그 안에서 살아가는 사람들의 행동을 결정하는 사회적 요구도 현대 사회의 그것과는 확실히 다르지 않겠는가? 가난한 소작농이 절대 다수를 이루던 1세기 농촌 사회에서 사람들은 한 동네에 사는 다른 가정의 일을 우리가 상상할 수 없을 만큼 소상하게 알고 있었다.

이들에게는 개인적인 비밀이란 게 거의 없었다. 옆집에서 방귀 뀐 것, 이웃집 서방의 잠자리 문제까지 소문은 꼬리에 꼬리를 물고 온 동네에 삽시간에 퍼져 나갔다. 어디 그뿐인가? '감 놓아라 배 놓아라' 하면서 남의 집 일에 미주알고주알 참견하고 훈수를 두는 사회가 1세기 이스라엘 사회였다. 이런 문화적 정취는 오늘날 시골 마을에 가도 느낄 수 있는데 1세기 이스라엘 사회에서는 그 정도가 훨씬 더 심했다고 보면 된다.

이런 사회에서 멀쩡히 살아 있는 아버지에게 유산을 요구하고 집을 떠나겠다고 통고한 둘째 아들의 반항은 이미 한 집안의 문제로 덮어 둘 수 있는 것이 아니었다. 망나니 같은 둘째 아들에 대한 소문은 삽시간에 퍼져 나가 온 동네 사람들이 입방아를 찧었을 것이다. 둘째 아들의 반항은 이 가족에게 돌

이킬 수 없는 수치와 불명예를 안겨 줄 판이었다.

　게다가 당시의 문화적 상황에 기초해 볼 때, 둘째 아들의 요구와 반항은 도저히 있을 수 없는 전대미문의 사건이요 스캔들로서 마을 전체를 쑥대밭으로 만들기에 충분했다. 언제 이 소문이 이웃 마을로 퍼져 나갈지 알 수 없기 때문에 이 문제는 한 집안이 아니라 마을 전체의 수치와 망신으로 비화될 수 있었다.

열린다 비유
돌아온 탕자 이야기

즉 누군가 앞장서서 마을 전체, 공동체 전체의 명예를 지키기 위해 두 팔 걷어붙이고 나서야 하는 상황인 것이다. 유산을 달라는 둘째 아들의 되바라진 요구는 아버지가 혼자서 결정을 내릴 수 있는 한 집안만의 문제가 아니라 마을의 어른들이 함께 치리해야 할 공동체의 문제로 확대된 것이다.

이러한 사회 구조 속에서 개인의 행동을 결정하고 지배하는 것은 개인의 소신이나 가치관이 아니다. 바로 그 사람이 속한 사회의 여론이 개인의 행동을 결정하게 된다.

자식 이기는 부모 없다(?)

'자식 이기는 부모 없다'는 말은 현대 사회에서나 통하는 경구다. 당시에는 부모의 뜻을 거스르고 자식이 독단적으로 결정할 수 있는 것이 그다지 많지 않았다. 심지어 자식은 결혼도 아버지의 뜻에 따라야 했다. 당시에는 오히려 '부모 이기는 자식 없다'는 경구가 더 서설한 표현이었을 것이다.

1세기 이스라엘 사회는 다음의 세 가지로 특징지을 수 있다.

1. 아버지의 가부장적 권위가 때로는 국가의 법마저 초월한다.
2. 명예를 최고의 가치로 여긴다.
3. 개인보다는 집단과 공동체의 이익이 우선시된다.

이러한 세 가지 특징을 이해할 때 탕자를 자식으로 둔 이 아버지가 취할 수 있는 행동의 폭이 그리 넓지 않았음을 알 수 있다. 현대의 성경 독자들이 생각하듯이 인자한 아버지가 될 것인가, 아니면 엄격한 아버지가 될 것인가를 소신껏 선택할 수 있는 상황이 아니라는 것이다.

아버지에게는 공개적으로 아들과 의절하는 방법 외에는 가족과 그 마을 공동체가 당하게 될 수치를 모면할 수 있는 다른 방도가 없었다. 그것만이 고민스런 이 아버지에게서 마을의 어른들이 요구하고 기대하던 유일한 해결책이었다. 이것은 사회적 요구의 수준을 넘어서 일종의 사회적 압박에 가까웠다.

자존심 있고 명예로운 아버지라면 응당 아들에게 공개적인 망신을 주는 것을 생각했을 것이고, 또 그렇게 하는 것이 당시는 지극히 자연스럽게 여겨졌다. 단지 그 망신의 수위를 어디까지 할 것이냐만 결정하면 되었다.

예를 들어 마을의 어른들이 모두 모인 자리에서 아들의 행동을 낱낱이 고하고 뺨을 철썩 때린다든지, 더 심하면 아들에게서 가족 구성원의 자격을 공식적으로 박탈하는 것이다. 우리 식으로 표현한다면 아들을 '호적에서 파내는' 것이다.

더 극단적인 아버지라면 아들을 죽은 것으로 여기고 장례식을 치를 수도 있다. 이로써 가족의 명예에 영구적인 수치를 안겨 준 아들을 영원히 받아들이지 않겠다는 상징적인 의식을 거행하는 것이다.

반항적인 아들에게 아버지가 취할 수 있는 이러한 방안들은 과연 지나친 것일까? 당시의 문화적 요구와 상황들은 탕자와 같은 아들을 어떻게 치리하

도록 권고하고 있을까?

　이 질문에 대한 해답을 찾기 위해 우리는 먼저 모세의 율법을 살펴볼 필요가 있다. 신명기 21장 18–21절 말씀은 정확히 '돌아온 탕자의 비유'에 나오는 둘째 아들과 같은 상황에서 아버지가 취해야 할 마땅한 행동의 표본을 보여 주고 있다.

　"사람에게 완악하고 패역한 아들이 있어 그의 아버지의 말이나 그 어머니의 말을 순종하지 아니하고 부모가 징계하여도 순종하지 아니하거든 그의 부모가 그를 끌고 성문에 이르러 그 성읍 장로들에게 나아가서 그 성읍 장로들에게 말하기를 우리의 이 자식은 완악하고 패역하여 우리 말을 듣지 아니하고 방탕하며 술에 잠긴 자라 하면 그 성읍의 모든 사람들이 그를 돌로 쳐죽일지니 이같이 네가 너희 중에서 악을 제하라 그리하면 온 이스라엘이 듣고 두려워하리라"(신 21:18-21).

반항적인 아들을 성읍 장로들이 보는 앞에서 돌로 쳐 죽이라고 명령한 모세의 율법은 현대의 성경 독자들로서는 심히 놀라운 말씀이다. 오늘날 이 말씀을 그대로 적용한다면 살아남을 자식이 별로 없을 것이다. 하지만 반항적인 아들을 죽일 수도 있다는 이 말씀을 볼 때 위에서 언급한 마을 사람들의 반응은 절대 지나친 것이 아님을 알 수 있다.

유대인의 성서 주석인 미드라쉬에는 이런 아들을 죽은 것으로 여기고 장례식을 치르는 모습이 언급되어 있다. '끊어진다'(cut off)를 의미하는 '케짜짜'(קצצה) 의식은 친족 공동체가 반항적인 아들과 사적인 인연을 완전히 끊고 상징적인 장례 행위를 치르는 것을 말한다. 이 부분을 쉽게 풀어서 정리하면 아래와 같다.

"케짜짜 의식은 무엇인가? 아빈의 아들인 랍비 요세는 이렇게 말했다. 만약 어떤 아들이 조상으로부터 기업으로 받은 땅을 이방인에게 팔아넘긴다면 그의 친족들은 불에 탄 곡식으로 가득 채운 통을 가져와 그 아들이 보는 앞에서 통을 깨부순다. 그 아들은 흩어진 곡식들을 한데 모으고 이렇게 외쳐야 한다. '이 흩어진 곡식들처럼 나는 조상의 기업으로부터 끊어질 것이다'"(Ruth Rabbah 7.11).

미드라쉬에 언급된 케짜짜 의식은 조상으로부터 기업으로 받은 땅을 이방인에게 팔아넘기거나 부정한 여인과 결혼한 아들에게 그 친족들이 행하던 의식이었다. 유산을 요구하고 먼 나라로 떠나려 한 탕자의 경우와는 다소 차이가 있지만, 성서학자들은 예수님 당시에도 이런 반항적인 아들을 치리하기 위해 유사한 의식이 실행되었을 것으로 추정한다.

우리는 둘째 아들이 돌아왔을 때 아버지가 그 아들을 가리켜 두 번씩이나 '죽었다가 다시 살아난 아들'로 표현하는 것을 본다. 한 번은 아들의 귀환을 기뻐하는 연회장에서, 또 한 번은 잔뜩 화가 난 첫째 아들을 달래는 과정에서 나온다.

"이 내 아들은 죽었다가 다시 살아났으며 내가 잃었다가 다시 얻었노라 하니 그들이 즐거워하더라"(눅 15:24).

"아버지가 이르되 얘 너는 항상 나와 함께 있으니 내 것이 다 네 것이로되 이 네 동생은 죽었다가 살아났으며"(눅 15:31-32).

가족과 마을 전체에 수치를 안겨 준 반항적인 아들과 그런 아들을 어떻게 치리할 것인가를 규정한 모세의 율법 그리고 그에 상응하는 미드라쉬의 규정은 집으로 돌아온 둘째 아들을 향해 아버지가 말한 '독특한' 표현을 이해할 수 있는 실마리를 제공한다.

아버지는 왜 둘째 아들을 향해 두 번씩이나 '죽었다가 다시 살아난 아들'로 표현했을까? 많은 비유 학자들은 그 실마리를 '케짜짜' 의식에서 찾고 있다. 이후에 드러나는 아버지의 인자하고 혹은 나약한 행동을 볼 때, 이 아버지는 결코 아들이 죽은 것으로 여기는 '케짜짜' 의식에 주도적으로 관여하지는 않았을 것이다. 하지만 둘째 아들의 행동에 분개한 친족들이 나서서 '케짜짜' 의식과 유사한 행사를 치름으로써 이 반항적인 아들을 마을 공동체에서 영원히 제명시켰을 가능성은 배제할 수 없다.

둘째 아들이 돌아왔을 때 아버지가 아들에게 보여 준 분에 넘치는 환대와 연회는 아마도 공동체에서 완전히 제명된(이것은 당시에 '사회적 죽음'을 의미했다) 둘째 아들의 지위를 다시 복권시키기 위해 의도적으로 한 행위였을 것이다. 또 이 연회에 100명(혹은 200명)분 이상의 식사가 가능한 송아지 도살이 언급된 것을 보면 이 연회는 분명 가족만의 연회가 아니라 마을 공동체가 모두 참여하는 성대한 연회였을 것이다.

수치를 넘어서…

1세기 이스라엘 사회가 둘째 아들처럼 반항적인 아들을 어떻게 치리했는가를 알 때 비유 속의 아버지가 보여 준 행동은 청중에게 '탕자'의 그것을 훨씬 능가하는 충격을 주었을 것이다.

멀쩡히 살아 있는 아버지에게 당당히 유산을 달라고 요구한 둘째 아들의 행위는 삽시간에 온 마을에 퍼져 나갔고 사람들의 관심과 이목은 순식간에 아버지의 행동에 모아졌을 것이다. 비유를 듣는 청중도 귀를 쫑긋 세우고 그 호기심의 대열에 동참했다. 과연 아버지는 이 되바라진 아들을 어떻게 치리할 것인가?

선택의 여지는 없었다. 둘째 아들은 공개적인 수치와 함께 심하면 돌에 맞아 죽는 것도 각오해야 할 상황이기 때문이다. 하지만 탁월한 스토리텔러이신 예수님은 이곳에서 청중의 기대와 예상을 완전히 뒤집어엎는 놀라운 반전을 시도하신다.

"아버지가 그 살림을 각각 나눠 주었더니"(눅 15:12).

아버지는 놀랍게도 그도록 반항적인 이들의 요청을 순순히 들어주었다. 아버지가 자식에 대한 전권을 휘두를 수 있는 당시 사회에서 이 아버지는 자신의 가부장적 권위를 털끝만큼도 사용하지 않는다. 이 대목은 둘째 아들의 반항보다 청중을 더 충격에 빠뜨려 곳곳에서 절망과 울분이 짙게 담긴 장탄식이 흘러 나왔을 것이다.

아버지가 보여 준 행동은 당시의 사회적 그리고 문화적 요구에 비추어 볼 때 실로 전례가 없는 일이었다. 명예를 최고의 가치로 여기던 당시의 사회에서 청중은 아버지의 이 같은 행동을 감당하기 힘든 수치로 여겼을 것이다.

이 아버지는 도대체 어떤 종류의 사람이란 말인가? 명예와 자존심을 중시하는 사람들은 대체로 허리를 꼿꼿이 세우고 다니는 법이다. 한때 북한을 방문한 한국의 군 장성이 김정일 국방위원장 앞에서 허리를 굽히지 않고 악수만 한 것으로 인해 유명세를 치른 적이 있다. 이 장군에게는 '꼿꼿 장수'라는 애칭이 붙기도 했다.

그렇다면 비유 속에 등장하는 이 아버지는 자신의 명예 따위에는 아무런 관심도 없는 '무척추동물'이라도 된단 말인가? 왜 이 아버지는 막강한 가부

열린다 비유
돌아온 탕자 이야기

장적 권위를 이용해 망나니 같은 아들을 따끔하게 호통이라도 치지 않는단 말인가? 이 아버지는 과연 바보인가?

이 부분에서 사용된 헬라어 단어는 아버지의 무기력하고 나약한, 심지어 측은하기까지 한 행동을 잘 드러내 준다. 우리말 성경에 아버지가 '살림'을 나누어 주었다고 번역된 부분을 헬라어 단어는 '비오스'(βίος)를 사용한다. 이것은 모든 생명, 곧 자신의 인생, 살림 그리고 이때까지 그 가문에서 축적해 온 모든 것을 가리키는 단어다. 그렇다면 이런 공식이 성립될 수 있다.

아버지가 '살림'을 나누어 주었다 = 아버지가 '생명'을 나누어 주었다

아버지가 자식들에게 나누어 준 것은 현대의 성경 독자들이 생각하는 것처럼 통장에서 예금의 일부를 인출해 준 것과는 상당히 거리가 멀었다. '유산'은 아버지에게는 자신의 노후를 보장하는 유일한 수단이었기 때문에, 곧 '생명'과도 같았다. 이미 앞장에서 살펴본 대로 당시의 문헌들은 생전에 유산을 나누어 주지 말 것을 수없이 권면하고 있는데, 이는 유산이 아버지에게 어떤 의미인지를 잘 보여 준다.

둘째 아들은 유산을 미리 받았지만 여전히 아버지가 돌아가실 때까지는 극진히 부양할 책임이 있었다. 하지만 아버지는 아무런 조건과 단서도 달지 않고 둘째 아들이 요구한 대로 자신의 '생명'과도 같은 '살림'을 기꺼이 나누어 준 것이다.

탕자의 아버지는 '힘없는 전능자'

그러면 스토리텔러이신 예수님은 이 부분에서 왜 지극히 힘없고 나약하고 초라하기 짝이 없는 아버지를 등장시킨 것일까? 당시의 사회적 그리고 문화적 상황을 누구보다 잘 알고 계신 예수님이 말이다.

초대교회 교부이자 신학자인 터툴리안은 이 부분에서 탁월한 해석을 제시하고 있다. 바로 비유 속의 아버지를 하나님과 연결시킨 것이다. 탕자의 아버지는 우리가 인간 세상에서 접하는 아버지와는 전혀 다른 행동 양식을 보여준다.

이 아버지도 분명 둘째 아들의 황당한 요구를 접했을 때 혼자서 말할 수 없는 고뇌와 번민의 시간을 보냈을 것이다. 비유의 본문에는 생략되어 있지만 아버지는 자식들에게 살림을 나누어 주기 전에 둘째 아들을 설득하기도 하고 달래 보기도 하는 등 백방의 노력을 다했을 것이다. 하지만 둘째 아들은 막무가내였고 아버지의 애정 어린 사랑은 매몰차게 거절당했다. 아버지는 애정을 거절당하고 공개적인 수치를 당한다 해도 그 아픔을 기꺼이 감내했을 것이다. 그것만이 철부지 자식이 훗날 철이 들어 자신의 잘못을 뉘우치고 돌아오려 할 때 퇴로를 열어 주는 유일한 길이라 믿었기 때문이다.

터툴리안은 탕자의 아버지가 보여 준 도저히 이해할 수 없는 반응이 예수님의 의도적인 설정임을 간파했다. 바로 탕자의 아버지는 반항적이고 패역한 인간을 향한 하나님 아버지의 사랑을 그려 내기 위해 의도적으로 설정한 캐릭터였다는 것이다. 당시의 아버지가 반항적인 아들을 사형에 처할 수 있을 정도로 무소불위의 권위를 가지고 있었듯이 하나님도 절대 주권자로서 죄인의 인생을 완전히 파멸시킬 수도 있는 놀라운 권능과 특권을 가지고 있다.

하지만 비유 속의 아버지처럼 하나님 아버지도 모든 주권을 다 가졌으면서도 그 힘을 자식에게만큼은 털끝만큼도 사용하지 못하는 아버지다. 우리는 여기서 '힘없는 전능자'의 모습을 본다. 힘없는 전능자! 이 얼마나 놀라운 역설인가? 만약 비유 속의 아버지가 당시에 통용되던 상식과 문화적 요구대로 행동했다면 그것은 아무런 '역설'이 되지 않을 것이다. 그는 단지 그 시대를 살던 수많은 아버지들 중 하나에 불과했을 것이다.

하나님 아버지는 이처럼 우리의 상식과 이성, 문화적 통념으로는 도무지 이해되지 않는 역설적인 분이시다. 하나님은 우리가 탕자처럼 아버지의 품을 떠나 '먼 나라'로 가서 인생을 허랑방탕하게 사는 것을 결코 원치 않으신다. 그러나 그렇다고 해서 자신의 절대적 권능을 사용해서 우리를 강제로 붙잡는 분도 아니시다.

예수님이 비유 속에 등장시킨 아버지를 통해 그리는 하나님은 죄를 지은 사람이 회개하고 돌아오기를 애타게 기다리시는 분이다. 결코 강제로 우리가 죄를 짓지 못하게 원천봉쇄 하는 하나님이 아니다. 하나님은 그만큼 우리에게 모든 것을 맡기고 우리가 스스로 책임지는 아들이 되기를 원하시지, 온실 속의 화초처럼 모든 것을 통제하고 제어해야 할 철부지 아들이 되기를 원치 않으신다.

어떤 사람은 술에 만취해 하늘을 향해 삿대질을 해 가며 이렇게 고래고래 고함을 칠 수 있다.

　"만약 하나님이 살아 있다면 하나님을 저주하는 나에게 지금 당장 벼락을
내려 봐. 그러면 내가 하나님을 믿겠다!"

　우리 주변에 이렇게 정신 나간 죄인들이 적지 않지만 하나님은 이런 죄인에
게 당장 벼락을 내려 파멸시키기보다 인내로써 극진한 관용을 베푸시는 분

이다. 하나님은 죄인들이 자기 멋대로 자기 의지대로 살아갈 수 있는 자유를 주셨다. 하나님의 뜻에 반항하려는 죄인들의 의도가 아무리 명백하다 할지라도, 그리고 그것이 하나님의 이름에 감당할 수 없는 수치와 불명예를 안겨 준다 할지라도 하나님은 죄인들이 회개하고 돌이킬 때까지 묵묵히 인내하시는 분이다.

인간의 머리로는 도저히 이해할 수 없는 하나님의 사랑을 어떻게 무지몽매한 인생들에게 가르칠 수 있을까? 예수님은 그 방편으로 '비유'라는 스토리텔링을 시도하셨고 인간의 언어로 하나님의 무한한 사랑을 그려 내고 있는 것이다.

"그는 근본 하나님의 본체시나 하나님과 동등됨을 취할 것으로 여기지 아니하시고 오히려 자기를 비워 종의 형체를 가지사 사람들과 같이 되셨고 사람의 모양으로 나타나사 자기를 낮추시고 죽기까지 복종하셨으니 곧 십자가에 죽으심이라"(빌 2:6-8).

"믿음의 주요 또 온전하게 하시는 이인 예수를 바라보자 그는 그 앞에 있는 기쁨을 위하여 십자가를 참으사 부끄러움을 개의치 아니하시더니 하나님 보좌 우편에 앉으셨느니라"(히 12:2).

chapter

05

첫째 아들을
왜
'탕자'라고 하는가?

성서시대 장자의 위치와 본분

1세기 유대인 청중이 첫째 아들을 탕자로 여긴 것은 당시의 사회 구조에서
장자가 차지하던 역할과 기대 그리고 본분 때문이었다. 비유 속의 첫째 아들은
청중의 기대를 철저하고도 완벽하게 저버렸다. 1세기 이스라엘 사회와 가정에서
첫째 아들, 즉 장남은 어떤 위치에 있었고 어떠한 역할이 기대되었을까?

우리는 2장에서 '돌아온 탕자의 비유'가 첫째 아들, 둘째 아들, 그리고 아버지를 독자적인 주인공으로 하는 구조로 이루어져 있고, 그러한 구조 안에서 살펴볼 때 비유를 말씀하신 예수님의 본래 의도에 더욱 가까이 다가갈 수 있음을 살펴본 바 있다.

세 명의 주인공에게 공평한 관심과 주의를 기울이기 위해 우리는 스토리의 전개에 따라 둘째 아들, 아버지, 첫째 아들의 순으로 각각의 캐릭터를 집중 조망하고 있다. 특별히 비유 속의 현장과 관련된 문화적 상황을 이해하지 못해서 현대의 성경 독자들이 자칫 간과하기 쉬운 부분들을 하나씩 되짚는 작업을 하고 있다.

이제는 둘째 아들과 아버지의 뒤를 이어서 첫째 아들의 캐릭터에 대해 다룰 차례가 되었다. '돌아온 탕자의 비유'에 대한 전통적인 해석과 달리 최근의 해석에서는 그동안 간과해 온 첫째 아들의 존재감이 조금씩 살아나고 있다. 하지만 그것도 주로 25절 이후부터 드러나는 존재감이 주를 이루었다.

> "맏아들은 밭에 있다가 돌아와 집에 가까이 왔을 때에 풍악과 춤추는 소리를 듣고"(눅 15:25).

첫째 아들의 존재감은 실로 죽은 자와 같던 둘째 아들이 돌아와 떠들썩한 연회가 벌어진 25절 이후부터 극명하게 드러난다. '돌아온 탕자의 비유'를 드라마로 이해한다면 이때부터 첫째 아들의 출연 횟수도 잦아지고 극중에서의 역할과 비중도 높아진다.

어디 그뿐인가? 둘째 아들과는 달리 아버지에게 '효도하는 자식'이요 썩 '괜찮은 아들'이라는 지역 사회의 평판을 듣던 첫째 아들이 이때부터 둘째 아들에 버금가는 '탕자'로서의 본색을 드러낸다. 이 역시 스토리텔러이신 예수님이 끌고 나가시는 놀라운 반전이다.

"아니, 둘째 아들이 탕자인 줄 알았는데 진짜 탕자는 여기 있었구먼! 바로 첫째 아들이 탕자의 원조일세."

하지만 이러한 반전은 어디까지나 현대의 성경 독자들만이 느끼는 반전일 뿐이다. 우리는 멀쩡히 살아 있는 아버지에게 유산을 요구하고 이것을 즉시 현금화해 먼 나라로 떠난 둘째 아들에게만 정신을 쏙 빼앗겼다가 갑자기 연회장에서 본색을 드러내는 첫째 아들의 모습에서 화들짝 놀라며 충격을 받게 된다.

하지만 1세기 유대인 청중은 첫째 아들의 진면목을 스토리의 훨씬 앞부분에서부터 감지했다.

우리는 2장에서 '돌아온 탕자의 비유'보다는 '사랑이 많은 아버지와 잃어버린 두 아들의 비유'란 제목이 더 합당하다고 제시한 바 있다. 왜냐하면 비유를 듣던 1세기 유대인 청중에게 첫째 아들은 둘째 아들보다 더하면 더했지 결코 덜하지 않은 탕자로 인식되었기 때문이다.

첫째 아들은 왜 그들에게 탕자로 여겨진 것일까? 1세기 유대인 청중이 첫째 아들을 탕자로 여긴 것은 당시의 사회 구조에서 장자가 차지하던 역할과 기대 그리고 본분 때문이었다. 비유 속의 첫째 아들은 청중의 기대를 철저하고도 완벽하게 저버렸다. 그렇다면 1세기 이스라엘 사회와 가정에서 첫째 아들, 즉 장남은 어떤 위치에 있었고 어떠한 역할이 기대되었을까?

가정에서 장남의 역할

현대 사회로 진보할수록 고대 사회와 확실한 차이를 보이는 부분이 있다면 가정 내에서 기대되고 요구되는 장남의 역할일 것이다. 요즘 우리 사회는 한 자녀 가정이 많아서 굳이 '장남'이라고 불러야 할 이유도 없다.

하지만 고대 사회에서 장남은 유사시 아버지를 대신하여 절대적인 가부장적 권위를 행사할 수 있었다. 굳이 말한다면 가정 내에서 성인기를 지난 장남의 서열은 아버지 다음가는 2인자라고 할 수 있다. 자녀를 많이 출산하던 고대 사회에서 장남은 단지 많은 자녀들 중 하나가 아니었다.

대가족 사회였던 당시의 가족 구조에서 아버지는 자신에게 주어진 막강한 가부장적 권위를 효과적으로 발휘해 가족의 생존과 더 나아가 명예를 지켜 내야 했다. 하지만 이러한 아버지의 존재감과 파워도 영원히 지속될 수는 없다.

아버지는 나이가 들면서 육체적으로는 쇠약해지고 정신적으로는 판단력이 흐려지게 된다. 이때 성인기를 지난 장남에게 자연스럽게 가정 내 위계질서가 승계된다. 그래서 고대 사회에서 아버지는 가족 공동체를 이끌고 가문의 명예를 지키는 것 외에 자신의 뒤를 이를 장남을 잘 훈육할 책임이 있었다.

가족 공동체의 생존과 때로 목숨보다 더 소중히 여기던 명예가 심각하게 훼손될 경우 장남은 아버지와 함께 해결사로서의 역할을 수행해야 한다. 아

울러 가족 구성원 내에서 문제가 발생할 경우 장남에게는 중재자로서의 역할
이 기대되었다.

야곱의 아들들이 요셉을 시기해서 죽이려고 할 때 장남인 르우벤의 행동에
주목할 필요가 있다. 르우벤이 다른 형제들과 달리 요셉에게 호의적인 감정
이 있었던 것은 아니었다. 그 역시 요셉을 편애하는 아버지가 미웠고 요셉을
시기한다는 점에서는 다른 형제들과 다를 게 없었다.

하지만 똑같은 상황에서 장남에게 요구되는 역할과 기대는 다른 아들들의
그것과 차원이 달랐다. 다른 아들들은 그저 감정이 이끄는 대로 일단 저질러
놓고 볼 수 있지만, 장남은 자신의 행동이 가족 내에 미칠 파장과 그 후유증
까지 고려해야 하는 책임감이 요구되었기 때문이다.

> "자, 그를 죽여 한 구덩이에 던지고 우리가 말하기를 악한 짐승이 그를
> 잡아먹었다 하자 그의 꿈이 어떻게 되는지를 우리가 볼 것이니라 하는지
> 라 르우벤이 듣고 요셉을 그들의 손에서 구원하려 하여 이르되 우리가
> 그의 생명은 해치지 말자"(창 37:20-21).

> "르우벤이 돌아와 구덩이에 이르러 본즉 거기 요셉이 없는지라 옷을 찢
> 고 아우들에게로 되돌아와서 이르되 아이가 없도다 나는 어디로 갈까"
> (창 37:29-30).

유산 상속에 나타난 장남의 역할

고대 사회와 현대 사회에서 장남에게 요구된 기대치의 차이는 유산 상속에서도 분명하게 드러난다. 현대 사회의 가족 내에서는 장남과 차남의 유산 상속에 차이가 없거나, 심지어 딸도 유산 상속에 참여하지만 고대 사회에서는 전혀 달랐다.

고대 이스라엘 사회에서 유산 상속권은 원칙적으로 아들에게만 있었다. 아들 중에서도 특히 장남에게는 탁월한 우선권이 주어졌다. 장남은 다른 형제들보다 아버지의 재산을 갑절이나 상속받음으로써 자신에게 주어진 무거운 사회적 책임에 대한 보상을 받을 수 있었다.

> "반드시 그 미움을 받는 자의 아들을 장자로 인정하여 자기의 소유에서 그에게는 두 몫을 줄 것이니 그는 자기의 기력의 시작이라 장자의 권리가 그에게 있음이니라"(신 21:17).

유산 상속에서 장남에게 주어진 탁월한 상속권을 규정한 이 율법 조항도 전후 문맥을 살펴보면 일반적이기보다는 특수한 상황을 반영하고 있음을 알 수 있다. 즉 이 율법은 나이 많은 아버지가 젊은 여자와 결혼해서 자식을 볼 경우 그 전처소생에게서 낳은 장남의 유산 상속권을 보호하는 것을 골자로 하고 있다.

"어떤 사람이 두 아내를 두었는데 하나는 사랑을 받고 하나는 미움을 받다가 그 사랑을 받는 자와 미움을 받는 자가 둘 다 아들을 낳았다 하자 그 미움을 받는 자의 아들이 장자이면 자기의 소유를 그의 아들들에게 기업으로 나누는 날에 그 사랑을 받는 자의 아들을 장자로 삼아 참 장자 곧 미움을 받는 자의 아들보다 앞세우지 말고 반드시 그 미움을 받는 자의 아들을 장자로 인정하여"(신 21:15-17).

성경에 언급된 유산 상속과 관련된 유일한 율법 조항이 이와 같은 특수한 상황을 염두에 두고 나온 것이라 해도, 대부분의 성서학자들은 보편적인 상황에서 장남에게 두 배의 유산이 주어졌다는 점에서 의견의 일치를 보이고 있다.

형제들 가운데 유산으로 분배된 것은 아마도 동산(動産)에 한정되었을 것으로 보인다. 집안의 재산을 손상시키지 않기 위해 상속 재산 중에서 가옥과 토지에 대한 전권은 장자에게 맡겼고 자식들에게 골고루 분배되지 않았을 것이다.

우리말 성경에 '동거하다'로 번역된 히브리어인 '야샤브 야하드'(יחד ישב)는 아버지가 돌아가신 후 유업으로 받은 토지에서 형제들이 함께 조화롭게 살아가는 것을 가리키는 구약시대의 전문 용어에 해당한다. '동거하다'는 동일한 단어가 현대적 의미로는 남녀가 결혼도 하기 전에 함께 사는 것을 가리키는, 그러니까 조금은 부정적인 의미로 쓰이고 있다는 점에서 분명한 차이가 있다.

조상으로부터 받은 기업인 토지에서 형제가 함께 '동거하는' 상황을 다룬 신명기의 본문도 이런 상황에서 이해될 수 있다.

> "형제가 동거하는데 그중 하나가 죽고 아들이 없거든 그 죽은 자의 아내는 나가서 타인에게 시집가지 말 것이요 그 남편의 형제가 그에게로 들어가서 그를 취하여 아내를 삼아 그의 남편의 형제 된 의무를 그에게 다 행할 것이요"(신 25:5, 개역한글).

조상의 유업으로 받은 토지를 관리할 수 있는 우선적인 권리는 장남에게 주어졌지만, 아버지의 장례를 마친 후 형제들 간에 이 토지를 나누고자 하는 분쟁은 없지 않았다. 하지만 이런 상황은 당시의 사회적 기준으로 볼 때 심히 탄식할 만한 상황임을 알아야 한다. 복음서에도 예수님께 찾아와 유업 분배를 중재해 달라고 요청하는 부분이 나오는 것을 볼 때 불완전한 사람들이 살아가는 세상에서는 이런 일이 심심치 않게 발생했음을 알 수 있다.

> "무리 중에 한 사람이 이르되 선생님 내 형을 명하여 유산을 나와 나누게 하소서 하니"(눅 12:13).

아버지가 돌아가신 후 기업으로 받은 토지에서 형제들이 다투지 않고 조화롭게 살아가는 모습은 당시 사회에서 가장 이상적인 일이었고 칭송 받는 일이었음에 분명하다. 시편 기자는 형제간의 이런 연합과 동거를 아름다운 시로 노래하고 있다.

"보라 형제가 연합하여 동거함이 어찌 그리 선하고 아름다운고 머리에 있는 보배로운 기름이 수염 곧 아론의 수염에 흘러서 그의 옷깃까지 내림 같고 헐몬의 이슬이 시온의 산들에 내림 같도다 거기서 여호와께서 복을 명령하셨나니 곧 영생이로다"(시 133:1–3).

첫째 아들의 무섭고 괘씸한 침묵

당시 사회에서 장남에게 주어진 기대와 책임 그리고 특권을 이해할 때 우리는 비로소 '돌아온 탕자의 비유'에 나타난 첫째 아들의 심각하고도 치명적인 문제를 간파할 수 있다. '돌아온 탕자의 비유'는 둘째 아들이 멀쩡히 살아 있는 아버지의 면전에서 당당히 유산을 요구하는 황당한 상황으로 시작된다. 예수님의 비유들 대부분이 그렇듯이 이런 상황은 현실 세계에서 그리 자주 일어날 수 있는 일반적인 설정은 아니다. 하지만 그렇다고 해서 전혀 비현실적인 상황도 아니다. 예수님은 현실 세계에서도 가능하지만 결코 흔치 않은 극단적인 상황을 예로 들면서 청중을 놀라게 한다. 그러면서 자연스럽게 비유의 스토리 속으로 청중을 빠져들게 만든다.

둘째 아들의 황당한 요구는 이 가정이 정상적인 상황이 아님을 단적으로 보여 준다. 둘째 아들의 배은망덕한 요구로 인해 가정의 위기는 시작되었고 누군가 중재에 나서지 않으면 자칫 가정이 풍비박산될 위험에 처했다. 당시의 사회적 요구에 기초해 볼 때 아버지는 되바라진 둘째 아들을 내칠 수 있지만 그것은 어디까지나 최악의 상황을 염두에 둔 결정이었다. 그렇다고 둘째 아들의 요구를 받아 주자니 이것은 아버지에게 감당할 수 없는 모욕과 수치가 된다.

오늘날 중동 사회에서도 그렇지만 1세기 이스라엘 사회에서 양자 간의 극단적인 충돌은 제3자에 의해 중재되는 것이 일반적이었다. 그리고 가정 내에서 발생한 이런 문제에서는 장남이 최우선적인 중재자로 나설 것이 요구되었다.

둘째 아들의 되바라진 요구를 듣던 1세기 유대인 청중의 눈은 일제히 첫째 아들에게로 향했을 것이다. 첫째 아들은 동생과 아버지가 정면충돌 하는 상황을 미연에 막기 위해 중재자로 나서야 했다. 즉 아버지를 잠시 뒤로 빠지게 하고 동생이 아버지에게 사죄하도록 요구하는 것이 장남인 첫째 아들의 당연한 책무였고, 이것이 비유를 듣던 청중이 지극히 당연하게 기대하던 것이었다.

그런데 비유에 나오는 첫째 아들은 무엇을 했는가? 그는 침묵했다. 첫째 아들은 동생의 반항 때문에 아버지가 섬뜩할 정도로 공공연한 굴욕을 견디고 있음을 누구보다 잘 알았다. 그는 아버지와 동생의 깨진 관계를 회복시키기 위해 무슨 일이든 해야 했지만, 비유에는 어떤 노력도 했다는 언급이 없다.

또한 동생이 집을 나간 후에도 어떤 식으로든 동생을 집으로 데려오기 위해 백방으로 노력했다는 구절은 눈을 씻고 보아도 없다. 이런 첫째 아들의 모습은 청중에게 어떻게 비쳐졌을까? 이것은 당시의 문화에서 볼 때 장남에

게 요구된 사회적 책임을 저버린 것으로 확실한 '직무유기'에 해당한다.

혹자는 이렇게 말할 수 있을지 모르겠다. 첫째 아들이 중재자로서 최선의 노력을 다했지만 예수님이 굳이 말씀하시지 않았을 수도 있지 않느냐고, 혹 생략된 것일 수도 있지 않느냐고. 하지만 이어지는 첫째 아들의 행동은 둘째 아들을 능가하는 탕자로서의 진면목을 드러내고 있다.

"아버지가 그 살림을 각각 나눠 주었더니"(눅 15:12).

비유 속의 아버지는 둘째 아들의 황당한 요구를 듣고 유산을 나누어 주었다. 그런데 여기서 주의해서 보아야 할 대목이 있다. 그것은 아버지가 유산을 '각각' 나누어 주었다는 것이다. 즉 유산을 받은 것은 둘째 아들만이 아니라는 것이다. 첫째 아들도 이 기회를 놓치지 않고 냉큼 유산을 받아 냈다.

당시의 상속법에 따라 첫째 아들은 당연히 동생보다 두 배가 많은 유산을 물려받았을 것이다. 그는 묵묵히 그리고 기꺼이 자신에게 주어진 유산을 받아 챙겼다. '재주는 곰이 부리고 돈은 장사꾼이 번다'는 말처럼, 악역은 동생이 맡고 형은 가만히 앉아서 굴러 들어온 유산을 냉큼 받아먹은 것이다. '혼내는 시어머니보다 거드는 시누이가 더 얄밉다'는 말이 있는데, 비유를 듣던 유대인 청중은 유산을 달라고 요구한 둘째 아들보다 그 옆에서 조용히 유산을 받아 챙긴 첫째 아들에 더 크게 분노했을 것이다.

우리는 '돌아온 탕자의 비유'를 보면서 첫째 아들의 진면목을 놓치는 경우가 많다. 종종 둘째 아들이 돌아와서 성대한 연회가 벌어지기 전까지는 첫째 아들이 '바른 생활의 사나이'요 '모범생'이었을 것으로 생각한다. 심지어 연회장에서 보여 준 첫째 아들의 분노도 충분히 그럴 수 있지 않느냐며 첫째 아들을 이해하고 변호하는 입장에 서기도 한다.

하지만 그것은 현대의 성경 독자들이 1세기 이스라엘 사회에서 장남에게 요구된 사회적 요구와 기대에 대해서 충분히 알지 못하기 때문에 생긴 오해다. 예수님으로부터 비유를 듣던 청중은 바로 이 부분에서 첫째 아들의 침묵을 단순히 넘기지 않았을 것이다. 그것은 무섭고, 섬뜩하고, 심히 괘씸한 침묵이었기 때문이다.

비유의 해석자는 '침묵'으로써 자기 몫의 유산을 뻔뻔스럽게 요구한 첫째 아들의 '아우성'을 반드시 들려주어야 한다. 왜냐하면 그것이 바로 비유를 말씀하신 예수님의 본래 의도에 부합하기 때문이다.

06

탕자가 간
먼 나라는
어디일까?

이스라엘 땅에 누비이불처럼 들어와 있던
이방인 도시들

탕자가 간 '먼 나라'는 데가볼리로 불리는 헬라식 도시 중 하나였을 가능성이 높다.
데가볼리 지역이 같은 이스라엘 땅 안에 누비이불처럼 흩어져 들어와 있었기 때문에
먼 나라는 '지리적' 개념에서 먼 나라라기보다는 '문화적' 또는 '종교적' 개념에서
먼 나라로 보는 것이 합당할 것이다.

둘째 아들에게서 시작된 스포트라이트는 아버지, 첫째 아들을 거쳐 한 바퀴를 돌아서 다시 둘째 아들에게로 향한다. '돌아온 탕자의 비유' 속에 등장하는 이 가정은 한마디로 '브로큰 패밀리'의 전형이다. 현대적 의미의 브로큰 패밀리는 부부가 이혼한 집안을 가리키지만, 비유 속에는 어머니의 존재가 드러나지 않는다. 이 가정은 가족 구성원 간의 관계가 깨진, 심하게 표현하면 파탄지경에 이른 '브로큰 패밀리'다.

세 명의 등장인물 중 온전한 캐릭터는 아버지뿐이다. 비록 아버지가 당시 문화에 비추어 볼 때 사랑이 지나치게 많아서 문제가 되긴 하지만 말이다. 두 아들은 유형만 다를 뿐 소위 '탕자'로 불리기에 충분한 인물들이다. 이들은 서로를 미워할 뿐 아니라 아버지와도 '사랑'의 관계가 전혀 아니다. 이들에게 아버지는 그저 돈 많은 사람, 고용주, 돈줄 그 이상도 이하도 아니었다.

둘째 아들이 유산을 달라고 요구했을 때, 그리고 첫째 아들이 장자로서의 책무를 무시하고 침묵했을 때 이 가정의 위기는 시작되었다. 둘째 아들은 아버지가 죽기를 바랐고, 첫째 아들은 이 기회를 이용해 묵묵히 자기 몫의 유산을 챙겼다. 아버지의 두 아들은 1세기 유대인 청중이 일상생활에서 흔히 접할 수 있는 주인공들이지만 저마다 범상치 않은 캐릭터들이었다.

둘째 아들의 유산 요구로 시작된 비유의 스토리는 마침내 둘째 아들이 유산을 현금화해서 먼 나라로 떠나면서 새로운 국면으로 접어든다.

과연 아버지의 가슴에 대못을 박고 집을 박차고 떠나간 둘째 아들에게는 어떤 인생이 기다리고 있었을까? 이런 망나니 같은 아들이 당해야 할 마땅한 대가가 있었으니, 그런 점에서 이후에 펼쳐지는 비유의 스토리는 청중의 기대에 완전히 부합했다. 적어도 이 부분에서만큼은 청중의 기대와 예상을 깨지 않았다. 둘째 아들은 한 단계 한 단계, 결국은 1세기 유대인 청중이 상상해 낼 수 있는 최악의 상황에까지 떨어졌다.

이번 장에서는 모든 것이 갖추어진 집에서 사랑이 풍성한 아버지의 돌봄을 받던 철부지 도련님이 요즘 유행하는 '비행 청소년'으로 전락하는 과정을 추적해 보고자 한다. 둘째 아들은 우리 사회에서도 심각한 문제가 되고 있는 '비행 청소년'의 원조다. 비행 청소년과 관련된 우스갯소리와 함께 이번 장을 시작해 보려고 한다.

14층 아파트에서 6인 가족이 인생을 비관해 동시에 투신자살을 시도했다. 이 정도만으로는 빅 뉴스가 되지 않는다. 하지만 떨어진 6명 중 한 명도 죽지 않는 기절초풍할 일이 발생하면 특종 뉴스가 되기에 충분하다. 경찰 조사에 따르면 이들이 투신자살을 시도했지만 죽지 않게 된 데는 저마다 이유가 있었다고 한다.

아버지는 왜 죽지 않았는가? '기러기' 아빠였기 때문에….

어머니는 왜 죽지 않았는가? '새' 엄마였기 때문에….

첫째 딸은 왜 죽지 않았는가? '날라리'였기 때문에….

둘째 아들은 왜 죽지 않았는가? '제비족'이었기 때문에….

셋째 아들은 왜 죽지 않았는가? '덜 떨어진' 애였기 때문에….

넷째 아들은 왜 죽지 않았는가? '비행' 청소년이었기 때문에….

탕자가 향한 '먼 나라'는 어디일까?

"그 후 며칠이 안 되어 둘째 아들이 재물을 다 모아 가지고 먼 나라에 가 거기서 허랑방탕하여 그 재산을 낭비하더니"(눅 15:13).

탕자로서 둘째 아들의 진면목은 크게 두 가지 면에서 살펴볼 수 있다. 첫째 는 집 안에서 자기 아버지를 대하는 무례하고 괘씸한 행동이고, 둘째는 집을 떠나 현란한 세상 속으로 빠져 들어가는 단계적인 타락이다.

유산을 받고 며칠이 못 되어 이를 현금화한 둘째 아들의 행선지는 '먼 나 라'였다. 지체 없이 행선지를 정하고 뒤도 돌아보지 않고 훌쩍 떠난 것을 보면 그곳은 둘째 아들이 평소 오랫동안 동경해 오던 곳인 것 같다.

예수님은 비유에서 이 '먼 나라'가 구체적으로 어떤 곳인지 말씀하시지 않 는다. 현대인에게는 화려한 불빛과 조명이 불야성을 이루는 라스베이거스쯤 으로 인식되는 먼 나라! 그렇다면 비유를 듣고 있던 1세기 유대인 청중은 탕 자가 간 '먼 나라'를 어떤 곳으로 이해했을까?

이 질문에 대한 해답은 1세기 당시 이스라엘의 지역적 상황 속에 숨겨져 있 다. 1세기 당시나 지금이나 이스라엘은 지극히 작은 나라이지만, 그 작은 땅 은 복잡한 구역들로 세분화되어 있다. 그래서 이스라엘 땅을 밟아 보지 않 고 그 땅의 지리적 배경을 알지 못하는 외부인들을 종종 혼란에 빠뜨리기도 한다.

국제 뉴스에 종종 등장하는 현대 이스라엘도 '가자 지구'니 '서안 지구'니 하면서 작은 나라 안에 유대인 구역, 아랍 구역이 복잡하게 얽히고설켜 있다. 너무도 유명한 성서의 도시들이 100% 아랍인만으로 구성되었다는 사실을 알고, 성지를 찾는 많은 순례객들은 당혹감을 감추지 못한다.

베들레헴이 그렇고, 헤브론이 그렇고, 또 여리고가 그렇다. 예루살렘은 유대인과 아랍인이 공존하는 도시이지만 동네마다 유대인 구역과 아랍인 구역이 복잡하게 섞여 있다. 각각의 도시와 구역들의 인구 분포가 왜 그렇게 되었는지를 알려면 1948년 이스라엘 건국 이후 발발한 몇 차례의 중동 전쟁사를 알아야 하는데, 성경을 들고 은혜를 받으러 이스라엘 땅을 밟은 순례객들은 그런 것들이 도저히 엄두가 나지 않는 듯하다.

이렇게 복잡한 현상은 1세기 이스라엘에서도 비슷하게 재현되었다. 작은 이스라엘 땅에 유대인 거주 지역과 헬라인(이방인) 거주 지역이 복잡하게 구역화되어 있었기 때문이다. 그리 크지도 않은 이스라엘 땅에 헬라인들이 이주해 와 살기 시작한 것은 알렉산더 대왕이 동방(페르시아) 원정을 감행한 주전 4세기로 거슬러 올라간다. 헬라인들은 정복한 동방의 땅에 헬라식 도시인 폴리스를 건설해 영구적인 정착을 시도했다. 이로써 우리가 세계사 시간에 익히 들어 온 '헬레니즘' 시대, 즉 발칸 반도의 헬라인 인구 폭증으로 인한 대규모 인구 이동이 시작된 것이다.

헬레니즘을 현대식으로 표현하면 '세계화, 국제화의 물결'로서 이것은 유대교 신앙 하나만을 외곬으로 붙들고 살던 유대인들에게는 가장 강력하고 상서롭지 못한 도전이었다. 이스라엘 땅에 헬라 도시들이 급속도로 번창하게 된 것은 주전 63년 로마의 폼페이우스 장군이 이곳을 점령하면서부터다. 이

• 유대, 베뢰아, 갈릴리 지역과 데가볼리 지역

● 벧산 중심거리

● 벧산 야외 극장

열린다 비유
돌아온 탕자 이야기

때부터 이스라엘 역사는 로마제국에 편입된 속국의 역사로, 사상적으로는 그리스-로마 문화가 합쳐진 그레코로만 시대로 넘어간다.

폼페이우스는 이스라엘 땅에서 헬라인이 절대 다수를 차지하는 10개의 도시를 특별 지정해 '데카폴리스'라는 도시 연맹을 만들었다. 이것이 우리말 성경에 '데가볼리'로 등장하는 지역이다. 유대인이 지역민의 대다수를 이룬 유대, 베뢰아, 갈릴리 지역과 달리 데가볼리 지역은 헬라인이 다수를 이룬 전형적인 헬라식(또는 로마식) 도시였다.

데가볼리 도시 중에서도 리더 격인 벧산은, 구약시대에는 사울 왕의 시체가 달린 이스라엘의 성읍이었지만(삼상 31:10), 예수님 당시에는 스키토폴리스라는 이름의 로마 도시로 번영을 누렸다. 이스르엘 평야에서 요단 동편으로 넘어가는 길목에 위치한 이 도시는 로마식 도로와 목욕탕 그리고 원형극장 등을 두루 갖춘 현대식 도시였다.

유대교에 열심인 유대인들에게 어느덧 자신들의 턱밑까지 침투해 들어온 그레코로만 문화와 로마인들은 결코 타협해서는 안 될 신앙의 적이었고, 반드시 싸우고 척결해야 힐 대상이었다. 하지만 유대인 마을에 사는 십대 청소년들에게 그리 멀지 않은 곳에 위치한 데가볼리 도시들의 현란함은 지극한 동경의 대상이었을 것이다. 이들은 오히려 조상 대대로 지켜 온 유대교 신앙을 하루 빨리 벗어던져야 할 고리타분한 구습쯤으로 여겼을 것이다.

결국 탕자가 간 '먼 나라'는 데가볼리로 불리는 헬라식 도시 중 하나였을 가능성이 높다. 데가볼리 지역이 같은 이스라엘 땅 안에 누비이불처럼 흩어져 들어와 있었기 때문에 먼 나라는 '지리적' 개념에서 먼 나라라기보다는 '문화적' 또는 '종교적' 개념에서 먼 나라로 보는 것이 합당할 것이다.

먼 나라에 출현한 철부지 도련님

유산을 즉시 현금화하고 가뿐하게 먼 나라로 향한 둘째 아들! '탕자'인 둘째 아들의 이런 행동은 비유를 듣고 있던 청중을 새로운 차원의 충격과 경악으로 몰고 갔을 것이다. 왜냐하면 둘째 아들은 자기 집과 마을 공동체를 떠났을 뿐 아니라 조상 대대로 내려온 문화적 유산과 신앙마저도 완전히 내팽개친 것이기 때문이다.

아무런 주저함 없이 먼 나라로 떠난 둘째 아들의 행동이 청중에게 안겨 주었을 충격은 1세기 당시 유대인과 로마인들 간에 끊이지 않던 갈등과 유혈 충돌을 알 때 제대로 이해할 수 있다.

신앙심이 뜨거운 유대인들은 '열심당'을 만들어 로마인들과의 무력 투쟁도 불사했다. 굳이 이런 과격파 유대인이 아니더라도 어느 정도 신심이 있는 유대인들은 로마 문화와 로마인들을 혐오했다. 유대인과 로마인 간의 반복된 갈등과 유혈 충돌은 급기야 주후 66년에 일어난 대봉기를 촉발했고, 이 봉기의 진압 과정에서 예루살렘의 성전이 불타고 파괴되는 참혹한 참사가 빚어졌다.

이런 시대적 분위기를 감안할 때 이방인 지역인 먼 나라로 훌쩍 떠나 그곳에서 항구적인 거주지를 정하려 한 둘째 아들은 당시 청중의 눈에 어떻게 비

열린다 비유
돌아온 탕자 이야기

처졌을까? 아마도 전투에서 백기를 들고 적진을 향해 투항한 배신자쯤으로 비쳐지지 않았을까 싶다. 그것도 먼 나라로 향한 목적이 고작 방탕한 생활을 탐닉하려는 것이었으니….

남부럽지 않은 집안에서 자란 둘째 아들은 누가 보아도 부잣집 도련님처럼 귀티가 났을 것이다. 이런 부잣집, 하지만 철부지 도련님이 돈 냄새를 물씬 풍기면서 네온사인이 현란하게 반짝거리는 세속적인 도시에 출현했다면 이후에 벌어질 일은 쉽게 상상할 수 있지 않겠는가? 분명 그 도시의 시시껄렁한 불량배와 놀고먹는 건달들이 한 건 크게 하기 위해 탕자의 주변으로 몰려들었을 것이다.

탕자는 어린데다 세상 물정도 모르고 쉽게 속아 넘어가는 위인인지라 아마도 자신이 관심의 중심에 있다는 사실 하나만으로도 무척 행복했을 것이다. 그는 비록 일시적이기는 하지만 자신이 고리타분한 유대인 마을에서 흠모하고 동경해 오던 일들을 마음껏 시도하고 경험해 볼 수 있었다.

허랑방탕하여 재산을 허비함

하지만 탕자가 누리던 행복의 시간은 그리 길게 가지 못했다. 탕자와 같은 부류의 비행 청소년들에게는 한 가지 공통점이 있다. 그것은 지극히 근시안적인 인생관이다. 비행 청소년들은 인생의 먼 지점까지 내다보는 안목이 부족하다. 이들은 대체로 인내심이 없고 지금 당장의 쾌감을 추구하기에 바쁘다.

아버지에게서 받은 유산도 급하게 현금화하느라 상당한 손실을 감수하던 탕자가 아니던가? 무작정 도망치는 게 목적이었던 탕자에게는 이런 금전적 손실도 그다지 큰 문제가 되지 않았다. 게다가 시장 가치에 비해 싸게 팔아 치웠다고는 하지만, 그 정도의 돈도 탕자로서는 지금까지 한 번도 만져 보지 못한 거금이 아니던가?

탕자는 이 정도의 돈이면 인생의 상당한 시간을 즐기고 버틸 수 있다고 생각했을 것이다. 하지만 인생사에는 마음먹은 계획을 방해하는 불가항력적인 변수와 암초들이 도사리고 있다는 사실을 깨닫기에는 이 탕자 도련님은 너무 어리고 철이 없었다. 이 탕자는 천박한 물질주의에다가 유산을 싸게 팔아 치우는 과정에서 드러난 탐욕과 어리석음으로 똘똘 뭉친, 그러니까 오늘날 사회적으로 문제가 되는 비행 청소년의 원조였다.

먼 나라에서 펼쳐지는 탕자의 인생을 추적해 보면 '추락하는 새는 날개가 없다'는 말을 연상시킨다. 탕자의 인생은 점진적으로 그러나 무서운 속도로 나락과 시궁창으로 떨어졌다.

예수님은 먼 나라에 간 탕자가 유산을 '허비했다'고 말씀하고 있다.

> "먼 나라에 가 거기서 허랑방탕하여 그 재산을 허비하더니"(눅 15:13, 개역한글).

우리말 성경에 '허비했다'로 번역된 이 단어는 헬라어 원어로는 '디아스코르 피조'(διασκορπίζω)다. 이것은 곡식을 키질하는 것에서 파생된 단어다. 키질은 곡식 낟알을 공중으로 던져 올려 바람을 이용해 알곡과 쭉정이를 골라내는 작업이다. 즉 '허비했다'는 것은 '사방으로 멀리 흩날려 보냈다'는 뜻이다.

탕자가 어떻게 그렇게 빠른 시간 내에 재산을 허비할 수 있었을까? 어느 날 갑자기 돈 냄새를 물씬 풍기고 나타난 탕자의 주변에는 돈 냄새를 맡고 모여든 흡혈귀들로 가득 했을 것이다. 동서고금을 막론하고 탕자와 같은 인생을 사는 자들이 추구하는 것은 '술과 여자'다.

아버지 집에 돌아온 동생을 정죄한 형의 말처럼 탕자는 '아버지의 살림을 창녀들과 함께 먹어 버렸을' 공산이 크다. 우리말 성경에 '허랑방탕하여'로 번역된 헬라어 원어 '아소토스'($\dot{\alpha}\sigma\dot{\omega}\tau\omega\varsigma$)는 단순한 방탕함을 넘어 '성적인 방종'이라는 의미가 은연중에 내포되어 있다. 어찌되었든 탕자는 '눈 깜짝할 사이에' 두툼했던 지갑을 텅 비우고 재산을 완전히 탕진하게 되었다.

흉년, 엎친 데 덮친 격

이미 수차례 언급했듯이, 둘째 아들은 1세기 이스라엘 사회가 상상해 낼 수 있는 최고의 악동이었다. 죄악과 수치에 대해 이보다 더 드라마틱한 묘사는 없을 것이다. 비유를 듣고 있던 유대인 청중은 먼 나라로 훌쩍 떠난 둘째 아들이 이후에 당하게 될 스토리에 흠뻑 빠져 있었을 것이다.

청중은 허랑방탕한 삶으로 재산을 모두 탕진해 버린 철부지 도련님을 보면서 무슨 생각을 했을까? 먼 이국땅에서 탕자를 도와줄 사람은 아무도 없었다. 둘째 아들은 당시에 사회적 보험에 해당하던 '가족'을 헌신짝처럼 버렸다. 그에게 돈이 남아 있을 때 그의 주변은 늘 친구들로 북적거렸지만 돈이 떨어지자 한 명도 얼씬거리지 않았다.

하지만 이 정도로는 희대의 악동이 당하는 형벌치고는 어쩐지 미약해 보인다. 스토리텔러이신 예수님은 여기에 '기근'이라는 천재지변을 추가시킨다. 실로 탕자에게는 엎친 데 덮친 격이고 설상가상인 상황이 된 것이다.

> "다 없앤 후 그 나라에 크게 흉년이 들어 그가 비로소 궁핍한지라"(눅 15:14).

그러면 1세기 유대인 청중은 때마침 찾아온 '기근'을 보고 무슨 생각을 했을까? 현대에도 변함없이 기근이 찾아오지만 고대인들이 느끼던 기근으로 인한 피해와 고통의 정도는 상상을 초월한다. 현대에는 저수지, 댐처럼 기근과 같은 자연재해를 최소한으로 줄일 수 있는 장치가 많다. 하지만 고대 사회에서 기근이라 그야말로 사처초목이 바싹 말라 비리는 끔찍히 재잇이었다. 기근은 주기적으로 고대 세계를 강타했고 자연스러운 인구 조절 기제로 작용했다. 신약시대 이스라엘 사회 연구가인 요아킴 예레미야스는 주전 169년부터 주후 70년 사이에 예루살렘을 강타한 10대 기근에 대해 언급하고 있다.

기근은 고대인들에게 생각하기도 싫은 항구적인 위협이었고, 그렇기 때문에 현대인들이 생각하는 것처럼 기근은 단순한 천재지변 중 하나가 아니었다. 바로 하나님께서 죄인들을 다루고 징벌하시는 대표적인 수단으로서 인식된 것이다. 성경에는 하나님의 징계와 채찍으로서 기근이 여러 차례 등장한다.

인구조사로 인해 다윗을 징벌하실 때도 하나님은 3년간의 기근을 사용하셨다(삼하 21:1). 아합 왕 시대에 바알 숭배로 인한 죄악이 차고 넘칠 때도 하나님은 3년 6개월 동안의 기근을 내리셨다(왕상 17:1).

예레미야서에는 하나님께서 칼과 기근과 전염병을 통해 이스라엘 백성의 죄를 징벌하시겠다고 경고하는 메시지가 반복해서 나오고 있다. 구약성경뿐 아니라 요한계시록에도 마지막 때에 기근으로 큰 환난을 당할 것임을 예언하고 있다.

> "그러므로 하루 동안에 그 재앙들이 이르리니 곧 사망과 애통함과 흉년이라 그가 또한 불에 살라지리니 그를 심판하시는 주 하나님은 강하신 자이심이라"(계 18:8).

1세기 유대인 청중에게 기근이 주는 파워풀한 이미지를 잘 알고 계신 예수님은 그러한 기근을 바로 이 탕자 스토리에 적용시키고 있다. 머나먼 이국땅에서 빈털터리가 된 탕자에게 때마침 기근까지 덮친 것이다.

이것은 탕자에게 일어난 복합적이고 연쇄적인 불행에 최종적인 마침표를 찍는 사건이었다. 탕자의 탈선과 비행에 분노하던 청중은 기근으로써 하나님의 징계까지 확인되자 여기저기서 이런 추임새를 넣었을 것이다.

"그러면 그렇지, 참 쌤통이군!"

"거 참, 고소하네. 십 년 묵은 체증이 내려가는 것 같네."

빈털터리에 기근까지 덮친 상황에서 탕자는 비로소 '궁핍함'을 느꼈다. 탕자가 당하게 된 궁핍은 산업화로 인해 충분한 잉여 생산물이 즐비한 현대인들이 느끼는 궁핍과는 분명 차원이 다르다.

가지고 있던 모든 것이 바닥났다. 호주머니에는 땡전 한 푼 남지 않았다. 탕자가 흥청망청 즐기던 잔치의 향연은 그렇게 끝났다. 시끌벅적하던 풍악 소리도 더 이상 울리지 않았다. 밀물처럼 몰려오던 친구들도 탕자에게서 돈 냄새가 사라지자 썰물처럼 빠져나갔다. 탕자는 이제 먼 이국땅에서 굶어 죽을 상황이 된 것이다. 탕자는 이 난관을 어떻게 벗어날 것인가?

탕자는 왜 갑자기 마음을 돌이켰을까?

돼지치기와 쥐엄열매가 주는 상징들

탕자는 쥐엄열매조차 먹지 못하는 상황이었다. 그는 마지막 남아 있던 자존심마저
철저히 짓밟혔으며 목구멍에 풀칠조차 못하는 비참한 나락에 떨어진 것이다.
탕자는 하나님을 떠나 벼랑 끝에 매달린 자신의 '실존'과 먹고사는 '생존'의 문제 앞에 직면했다.
탕자는 과연 이런 상황에서 어떤 선택을 할 것인가?

'탕자'의 원조로 불리는 둘째 아들은 1세기 이스라엘 사회가 상상해 낼 수 있는 최고의 악동이었다. 청중은 하나님이 내리실 혹독한 징벌만이 그에게 남았다고 생각했다.

'이런 탕자도 회개하고 구원을 받을 수 있는가?'

이런 질문은 비유를 듣던 청중의 상상과 기대를 완전히 넘어서는 것이다. 특별히 '돌아온 탕자의 비유'를 통해 예수님이 타깃으로 삼으시던 바리새인과 서기관들에게는 더더욱 그러했다.

예수님은 당시에 공인된 죄인들이던 세리와 창기들과도 아무런 거리낌 없이 어울리셨다. 바리새인과 서기관들은 예수님에게 불평했고, 이들의 불평에 대한 대응으로서 '돌아온 탕자의 비유'를 들려주신 것이다. 바리새인과 서기관들의 눈에 비친 세리와 창기들은 회개하고 구원에 이를 가능성이 1%도 없는, 한마디로 '구제불능'의 사람들이었다.

이들은 종착지가 '멸망'인 고속도로 위를 브레이크 없이 가속 페달만 밟으면서 질주하는 사람들이다. 이들에게 남은 문제는 오직 '멸망하느냐 안 하느냐'가 아니라 '얼마나 빨리 멸망하느냐'이다. 당시의 바리새인과 서기관들은 일말의 구원의 가능성마저 비껴 간 이런 죄인들과는 일체 말도 섞지 말고 최대한 멀리하라고 가르쳤다.

하지만 예수님의 생각은 달랐다. 예수님과 종교지도자들 간에 벌어진 논란의 중심에는 세리와 창기들이 있다. 그리고 그들은 예수님의 비유 속에서 '둘째 아들'의 모습으로 등장한다. 과연 타락의 극치를 보인 이러한 탕자도 회개하고 구원에 이를 수 있는가? 여기에서 예수님은 극적인 반전을 시도하면서 자신의 생각, 즉 '그렇다'고 하는 긍정적인 답변을 던지시고 있다.

그동안 보여 준 모습을 보면 정상적인 생각을 할 수 없을 것 같던 탕자가 마침내 정신을 차리고, 회개하고, 게다가 아버지 집으로 돌아가기로 결심하는 놀라운 반전이 일어난 것이다. 이것은 '돌아온 탕자의 비유'에서 가장 압권에 해당하는 부분이다.

그러면 무엇이 멸망과 타락을 향해 치닫던 탕자의 인생에 급브레이크를 걸고 정신을 차리게 했을까? 탕자의 인생에 나타난 급반전은 놀라운 속도로 빠르게 진행된다. 하지만 그 과정은 비유를 듣는 우리에게 전혀 억지로 짜 맞춘 듯한 느낌을 주지 않는다. 절망과 나락으로 떨어지는 탕자의 인생도 드라마틱했지만, 탕자가 그 밑바닥에서 정신을 차리고 아버지 집을 떠올리며 돌이키는 과정 또한 그에 못지않게 드라마틱하다.

만약 비유의 드라마틱한 후반부가 인위적으로 짜 맞춘 듯해서 전혀 설득력을 갖지 못했다면 '돌아온 탕자의 비유'를 통해 예수님이 말씀하시고자 한 교훈의 효과는 확실히 반감되었을 것이다.

탕자가 절망과 나락으로 떨어지는 과정도 단계적이지만, 회개에 이르는 과정 역시 단계적이다. 그 과정 하나하나에는 인간의 심리와 내면의 깊은 곳까지 통찰하시는 예수님의 진면목이 드러나 있다.

그래서 탕자의 드라마틱한 회심을 지켜보는 청중은 더 이상 무대 밖에 서서 탕자를 신랄하게 비판하는 비판자가 될 수 없다. 탕자가 회개에 이르는 과정을 지켜보면서 청중은 비판자로 서 있던 자신을 진지한 자세로 돌아보게 된다. 그리고 불현듯 각자의 내면에도 여지없이 꿈틀거리는 탕자의 속성이 있음을 발견하고 소스라치게 놀라게 된다.

이로써 청중은 탕자의 입장에 십분 공감하게 되고 탕자와 함께 회개에 이르는 기나긴 여정을 동행하게 되는 것이다. 여기에는 바리새인과 서기관들도 예외일 수 없다. 물론 그들이 굳은 마음을 조금이나마 누그러뜨리고 마음을 열고 예수님의 비유를 진지하게 경청했다면 말이다.

이번 장에서는 아버지 집으로 향하는 탕자의 회심에 결정적인 모멘텀이 된 돼지치기와 쥐엄열매에 대해 집중적으로 살펴보고자 한다.

현지 유력자에게 들러붙은 삶

달콤한 동화 속에서만 살아오던 둘째 아들이 냉혹한 현실 세계를 직시하도록 만든 결정타는 다름 아니라 그의 '텅 빈 호주머니'였다. 이 부분에서 탕자가 곧바로 회개하고 아버지 집으로 향했다면, 이것은 그야말로 상투적이고 뻔한 '삼류 드라마'란 비판을 벗어나지 못했을 것이다. 하지만 여기서 예수님의 비유만이 갖고 있는 놀라운 힘이 발휘된다.

탕자는 아직까지 집으로 돌아갈 준비가 전혀 되어 있지 않았다. 집으로 돌아가는 것은 그에게 단순한 의미의 '낙향'이 아니었다. 그것은 지금까지 자신이 한 행동이 옳지 못했음을 스스로 솔직하게 인정하는 것을 의미했다. 아울러 아버지, 형 그리고 마을의 뭇 어른들과 깨어진 관계를 회복하고 다시금 상호 책임과 속박의 굴레로 기어들어가는 것을 의미했다. 그것이 지긋지긋하게 싫어서 빠져나왔는데, 불과 며칠이나 되었다고 다시 그리로 들어간단 말인가? 탕자에게 아버지 집으로 돌아가는 것은 가장 마지막에 선택할 수 있는 최후의 보루였다.

제3자가 볼 때는 '지금이 너무나 적절한 회개의 기회요 이쯤에서 돌이키면 될 텐데…' 하고 안타까워할 수 있다. 하지만 제3자에게는 너무나 잘 보이는 그 회개의 기회를 끝까지 거부하는 죄인들의 '고집불통'은 동서고금을 막론하고 죄인들에게서 공통적으로 나타나는 특성이다.

자신의 인생이 파탄지경에 이르렀음을 자각했을 때 탕자가 느낀 것은 후회의 감정이나 회개의 결단이 아니었다. 단지 일자리를 찾아야 한다는 현실적인 절박감뿐이었다. 탕자는 얼마든지 혼자 힘으로 이 파국을 벗어날 수 있다고 생각한 모양이다. 그래서 자신의 잘못을 끝까지 인정하지 않고 궁지에서 빠져나올 묘안을 찾기 위해 필사적으로 머리를 굴렸다.

'궁즉통'(窮即通)이라고 했던가? 마침내 탕자는 묘안을 찾아냈다.

> "가서 그 나라 백성 중 한 사람에게 붙여 사니"(눅 15:15).

탕자가 생각해 낸 묘안은 그 나라 백성 중 하나에게 붙어사는 것, 즉 '더부살이'를 하는 것이었다. '백성 중 한 사람'의 헬라어 원어를 보면 '시민'(citizen)을 뜻하는 '폴리테스'(πολίτης)를 사용하고 있다. 비유의 배경이 되는 시기는 로마가 당시에 알려진 지중해 세계의 태반을 점령한 로마제국의 전성기다. 로마제국에서 '시민'은 특권층이요 유력자를 의미했다. 그러한 현지 유력자에게 '빌붙어서' 사는 것이 탕자가 찾아낸 묘안이자 계책이었다.

그러면 '붙어서' 산다는 것은 무엇을 의미할까? 끈끈이에 '붙어 있는' 파리 인생이라도 된단 말인가? 이것이 심한 표현처럼 들릴지는 몰라도 탕자의 인생을 얼추 비슷하게 묘사한 것일 수 있다. 우리말 성경에 '붙어서'로 번역된 헬라어 원어는 '콜라오'(κολλάω)인데 이것은 '접착체에 착 달라붙어 있는'(glue) 것을 의미하기 때문이다. 그 지방의 유력자에게 착 달라붙어 있는 탕자! 탕자는 그렇게라도 하지 않으면 생존 자체가 위협을 받는 상황에 봉착한 것이다.

한편 '붙어 있다'는 말은 그 관계의 주체가 전적으로 탕자에게 있음을 간접적으로 보여 준다. 현지 유력자가 요청을 했거나 원해서 이루어진 관계가 아니다. 전적으로 탕자가 현지 유력자에게 붙어 있는 상황이다. 즉 탕자가 빈대처럼 귀찮게 그리고 끈덕지게 빌붙어 있는 상황이다.

이런 상황은 지금도 현대 이스라엘의 팔레스타인 빈민촌에 들어가면 쉽게 볼 수 있는 풍경이다. 당신이 만약 좀 귀티가 나고 '있어 보이는' 관광객으로서 그곳의 불쌍한 누군가에게 자선이라도 베풀라치면 당신은 순식간에 몰려드는 거지 떼들로 에워싸일 것이다. 이들은 당신이 앞을 막아서고 소매를 붙잡고, 팔을 잡고, 때로는 당신의 호주머니도 과감히 뒤질 것이다. 이런 상황에서는 '가난하고 소외된 이웃'을 향한 '사회 지도층'의 온정 같은 것도 제대로 발휘될 수가 없다.

탕자가 빈대처럼 들러붙기 위해 찾아간 현지의 유력자는 누구일까? 먼 나라에서 아무런 연고도 없던 탕자가 어떻게 그 현지 유력자를 알았을까? 그 유력자는 아마도 탕자의 호주머니가 두둑하고 잘나가던 시절에 함께 포커를

치고 향락에 동참하던 옛 동료가 아닐까 싶다. 궁핍한 상황에서는 일단 자신의 주변 지역에서부터 차차 인맥을 넓혀 나가는 것이 우선이기 때문에, 탕자는 지인(知人)에게 먼저 머리를 들이밀지 않았을까 싶다.

　탕자가 찾아낸 묘안은 길게 말하면 '유력자에게 들러붙어서 사는 삶'이지만, 짧게 말하면 속칭 '거지' 또는 '머슴'으로 연명하는 것이다. 제3자가 볼 때는 그다지 폼 나는 묘안은 아닌 듯싶고 그럴 바에야 차라리 잘못을 뉘우치고 아버지 집으로 직행하는 것이 낫지 않을까 싶다.

하지만 이것은 어디까지나 현대의 성경 독자인 우리들의 생각일 뿐이다. 우리 생각에 탕자가 찾아낸 묘안은 체면이고 자존심이고 다 버리고 유력자에게 들러붙은 거지처럼 보일 수 있다. 하지만 한 사람의 대단한 유력자가 베푸는 자선의 울타리 밑에서 다수의 빈민들이 들러붙어 살아가는 방식은 고대 세계에서 상당히 익숙하고 보편적인 개념이었다. 즉 탕자의 상황은 우리가 생각하는 것처럼 마지막 남은 일말의 자존심과 명예마저 송두리째 짓밟힌 최악의 상황은 아니라는 것이다.

오히려 탕자에게 최악의 상황은 자신의 잘못을 인정하고 아버지 집으로 돌아가는 것이었다. 탕자는 무슨 일이 있어도 그것만은 피하고 싶었을 것이다. 탕자는 현지 유력자에게 잠시 들러붙어 살면서, 일단 '흉년'이라고 하는 소나기가 얼른 지나가기만을 간절히 바랐을 것이다. 그리고 절치부심하며 후일을 기약했을 것이다. 탕자는 아직 일말의 자존심이 남아 있었고 쥐구멍과 같은 자신의 인생에도 머지않아 햇볕이 들리라는 소망의 끈을 놓지 않았다.

이것은 하나님을 떠난 죄인들의 머릿속을 지배하는 전형적인 사고방식이다. 하나님은 죄인들을 돌이키시기 위해 단계적으로 사람 막대기와 인생 채찍으로 치신다. 하지만 죄인들은 헛된 망상과 기대를 붙들고 버티다가 결국 회개를 위한 최적의 타이밍을 놓치고 만다. 이들은 이후로도 플러스알파의 기나긴 시간을 허비하며 갈 데까지 가게 된다. 그러고선 그나마 남아 있던 최후의 자존심마저 짓밟히고 모든 힘을 소진한 후에야 간신히 회개의 자리로 나오게 되는 것이다.

돼지치기, 이보다 더 나쁠 수 없다

현지 유력자에게 빌붙어서 소나기를 피하려던 탕자의 묘안은 인간적으로 볼 때 그다지 어리석은 것만은 아니었다. 그것은 탕자의 상황에서 찾아낼 수 있는 '최선'은 아니더라도 '차선'의 묘안은 될 수 있었다. 하지만 그 유력자가 탕자에게 일말의 온정도 베풀지 않으면서 탕자의 계획은 완전히 틀어지기 시작한다.

이 무명의 현지 유력자는 탕자의 옛 동료지만 그에게 아무런 애정도 없었다. 단지 집요하게 들러붙는 탕자를 귀찮게 여겼다. 그래서 탕자를 자신에게서 최대한 멀리 떼어 낼 요량으로 그를 들로 보내 돼지를 치게 했다.

"그가 그를 들로 보내어 돼지를 치게 하였는데"(눅 15:15).

돼지치기를 하는 축산농가를 폄하할 의도는 전혀 없지만, 지저분한 음식도 게걸스럽게 먹어치우는 돼지의 속성으로 인해 돼지치기는 오늘날에도 험한 일에 속한다. 그런데 탕자는 거친 광야로 나가 돼지들과 함께 기거하면서 풀타임으로 돼지를 쳐야 했다.

광야의 거친 들판에서 돼지를 치며 하루하루를 연명하는 탕자의 신세! 이것은 단순히 허접하고 불결한 이미지를 주기 위한 설정이 아니다. 스토리텔러이신 예수님은 의도적으로 '돼지'를 이 대목에서 등장시키며 청중에게 강력한 메시지를 전달하고 있다. 즉 돼지는 유대인들이 종교적으로 가장 혐오하는 동물인 것이다.

돼지는 유대인들에게 '불결한' 동물의 차원을 넘어서 '부정한' 동물로 인식된다. 정결법 규례를 소상히 규정하고 있는 레위기 율법은 이 점을 분명하게 밝히고 있다.

> "돼지는 굽이 갈라져 쪽발이로되 새김질을 못하므로 너희에게 부정하니 너희는 이러한 고기를 먹지 말고 그 주검도 만지지 말라 이것들은 너희에게 부정하니라"(레 11:7-8).

유대인들의 성서주석인 미드라쉬에도 돼지 치는 사람을 가장 저주받은 사람으로 묘사하고 있다(Gen. Rab. 63.8). 예수님 당시 랍비 문헌과 탈무드에도 돼지와 관련된 부정적이고 혐오스런 표현이 지속적으로 등장한다.

> "어느 누구도 어떤 장소에서건 돼지를 사육하지 말라"(m. Baba Qamma 7.7).

> "돼지를 키우는 자는 저주를 받을지어다. 자기 자녀에게 그리스의 지혜를 가르치는 자는 저주를 받을지어다"(b. Baba Qamma 82b).

신구약 중간기 문헌인 마카베오서에도 돼지와 관련된 이야기가 기록되어 있다.

"그때에 뛰어난 율법학자들 중에 엘르아살이라는 사람이 있었는데 그는 이미 나이도 많았고 풍채도 당당한 사람이었다. 박해자들은 강제로 그의 입을 열고 돼지고기를 먹이려 했다. 그러나 그는 자기 생활을 더럽히고 살아가는 것보다는 명예롭게 죽는 것이 낫다고 하여 자진하여 태형대로 가면서 그 돼지고기를 뱉어 버렸다. 참된 생명을 사랑하는 사람이라면 먹어서는 안 될 것을 물리칠 용기를 가져야 하는데 엘르아살이 바로 그런 사람이어서 돼지고기를 뱉어 버렸던 것이다"(마카베오하 6:18-20).

그런데 여기서 재미있는 것은 한국인에게 '돼지'는 귀엽고 복을 가져다주는 동물로 인식된다는 사실이다. 그래서 꿈속에서 돼지가 등장하면 이튿날 로또 당첨의 기대를 품고 복권을 사기도 한다. 하지만 돼지가 유대인들의 꿈에 나타난다면 이것은 상서롭지 못한 일이 된다. 똑같은 동물이지만 문화에 따라 이렇게 각인된 이미지가 다르다.

탕자가 아버지에게 한 행동이 당시 유대인 청중이 상상할 수 있는 극도의 패악이었듯이, 탕자가 그에 대한 징벌로 받게 된 돼지치기의 상황 역시 그러했다. 상황이 이보다 더 나빠질 수 있을까? 탕자가 이 상황보다 더 낮아질 수 있는 자리는 '이승'에서는 없었다. 굳이 있다면 '저승'에서 지옥 불구덩이에 내던져지는 것뿐이었다.

열린다 비유
돌아온 탕자 이야기

아이고..
아버지

비유를 듣는 유대인 청중, 특히 정결법 규정 하나하나를 목숨을 걸고 지키던 바리새인과 서기관들은 돼지치기 신세로 전락한 탕자의 모습을 보고 무슨 생각을 했을까? 나름 훌륭하고 부유한 유대인 집안에서 자란 청년이 집을 박차고 나가 이방인의 도시에서 죄악 가운데 허우적대다가 결국 돼지치기가 된 상황을 보고 이들은 무슨 생각을 했을까?

이미도 이 부분에서 바리새인과 서기관들은 이렇게 혼잣말을 하지 않았을까 싶다.

'그러면 그렇지, 저런 놈은 돼지나 쳐야 돼.'

예수님은 상상해 낼 수 있는 온갖 부정과 불명예, 수치 따위를 이 탕자에게 돌리고 있다. 비유를 듣는 청중에게 탕자는 이제 동정의 대상을 넘어 경멸의 대상이 되었다. 부정한 돼지와 한데 섞여 살아가는 탕자는 돌이킬 가망이 전혀 없는 자로 낙인찍혔을 것이다.

쥐엄열매: 마지막 확인사살

스토리텔러이신 예수님은 탕자가 받아야 할 징벌로서 유대인들에게 가장 강력한 이미지인 '돼지치기'만으로 만족하지 않으신다. 이 정도로도 충분했겠지만 여기에 마지막 '확인사살'로 쥐엄열매가 등장한다.

> "그가 돼지 먹는 쥐엄열매로 배를 채우고자 하되 주는 자가 없는지라"(눅 15:16).

쥐엄열매는 놀라울 정도로 내구성이 강해서 극심한 가뭄이나 곤충으로 인한 역병이 창궐할 때도 끄떡없이 버텨 내기로 유명하다. 그래서 쥐엄열매는 가난과 궁핍으로 먹을 것이 없는 가난한 자들의 최후 식량이었다.

쥐엄열매를 먹을 수밖에 없는 상황은 한 사람이 인생을 살면서 당하게 되는 가장 혹독한 고난과 시련을 의미한다. 유대인들의 성서주석인 미드라쉬에는 쥐엄열매와 관련된 재미난 표현이 있다.

> "이스라엘이 진정한 회개에 이르기 위해서는 쥐엄열매가 필요하다"(Lev. Rab. 35.6).

이 구절은 유대인도 한국인과 마찬가지로 배부르고 등 따시면 절대로 회개하지 않는다는 것을 잘 보여 준다. 하나님은 때로 혹독한 고난을 통해 우리

열린다 비유
돌아온 탕자 이야기

를 정신 차리게 하시는데 바로 그러한 고난의 상징으로서 쥐엄열매가 등장하는 것이다.

기근의 상황이어서 그랬는지 돼지에게도 음식물 쓰레기와 같은 평소의 식량이 아닌 쥐엄열매가 사료로 주어진 것 같다. 주린 배를 움켜쥔 탕자는 쥐엄열매라도 배불리 먹는 돼지를 질투하는 신세가 되었다. 탕자는 그마저 먹지 못하게 된 것이다.

"쥐엄열매로 배를 채우고자 하되 주는 자가 없는지라."

흔히 탕자가 쥐엄열매를 먹는 상황으로 떨어진 것으로 묘사되지만 비유를 찬찬히 살펴보면 탕자는 쥐엄열매조차 먹지 못하는 상황이었다. 이 얼마나 기구하고 황당한 상황인가? 기근 중에도 들판에 부족함이 없이 널린 것이 쥐엄열매인데, 기근이 얼마나 극심했으면 그마저 먹지 못하게 되었을까.

탕자가 짜낸 묘안은 결국 실패로 끝났다. 그는 마지막 남아 있던 자존심마저 철저히 짓밟혔으며 목구멍에 풀칠조차 못하는 비참한 나락에 떨어졌다. 탕자는 하나님을 떠나 벼랑 끝에 매달린 자신의 '실존'과 먹고사는 '생존'의 문제 앞에 직면했다. 탕자는 과연 이런 상황에서 어떤 선택을 할 것인가?

탕자는 왜 자신을
품꾼의 하나로
여겨 딸라고 했을까?

참된 회개에 대한 가장 생생한 표본

탕자는 자신이 감당해야 할 모든 수치를 회피하지 않았고 정면으로 맞기로 결심했다.
그것이 마을 공동체에서는 가장 신분이 낮은 품꾼의 신분이라도 기꺼이 감내하겠다는
결심에서 나타난다. 그것이 제정신을 차린 탕자에게 일어난 또 다른 변화였다.

탕자는 더 이상 앞으로 나아갈 수 없는 막다른 골목에 다다랐다. 만약 예수님의 비유가 이쯤 해서 막을 내렸다면 비유를 듣고 있던 바리새인과 서기관들도 예수님의 가르침을 즐겁게 들었을 것이다. 그들에게 비친 탕자는 더 이상 가망 없는 죄인이었고, 죄에 대해 합당한 보응을 받은 불쌍한 사람이었다. 이들의 얼굴에는 만족스런 미소가 가득하고 애초에 품고 있던 예수님에 대한 반감도 많이 누그러졌을 것이다. 아니 더 나아가 예수님에 대한 공개적인 지지를 선언했을지도 모른다.

바리새인과 서기관들에게는 '돌아온 탕자의 비유'가 '자신이 지은 죄에 대한 합당한 대가'라고 하는 명쾌하고도 분명한 교훈을 던져 주고 막을 내리는 것으로 충분했다. 그러나 문제는 끝없는 나락으로 떨어진 탕자의 상태가 예수님의 비유에서 '결말'이 아니라 단지 '전환점'에 지나지 않았다는 데 있다. 그것도 단순한 전환점이 아니다. 바로 '위대한 전환점'이다. 그리고 바리새인과 서기관들에게는 그다지 '달갑지 않은 전환점'이다. 이로써 예수님은 바리새인들의 종교적 가르침과 체제를 어지럽힐 수도 있는 심각한 도전을 하고 있는 것이다.

'돌아온 탕자의 비유'를 크게 두 부분으로 나눈다면 이 부분은 후반부가 시작되는 곳이다. 전반부와 후반부에서 보이는 탕자의 모습은 전혀 다르다. 도대체 그에게 무슨 일이 일어난 것일까? 한 가지 분명한 것은, 그의 정신 구조나 의식 세계에서 뭔가 엄청난 변화가 일어났다는 사실이다. 탕자가 다시는 돌아오지 않을 것처럼 뒤도 돌아보지 않고 뛰쳐나온 아버지의 집으로 다시 돌아가기로 결심했기 때문이다.

탕자가 그간 보여 준 행태를 익히 잘 알던 청중에게, 특별히 당사자인 아버지와 큰아들 그리고 마을 공동체의 어른들에게 이런 탕자의 결심은 어떻게 비쳐졌을까? 무엇보다 탕자의 최종적인 파멸을 믿어 의심치 않던 바리새인과 서기관들은 탕자의 회개를 어떻게 바라보았을까?

'탕자의 회심은 과연 순수한 것인가? 과연 진실된 회개로 볼 수 있는가?'

'혹시 자기가 빠져 있는 궁지에서 벗어나기 위한 얄팍한 술수에 불과한 것은 아닐까?'

'온갖 상처와 수치를 안겨 주고 제멋대로 떠날 때는 언제고 이제 와서 회개했답시고 돌아왔다고 해서 무턱대고 받아 주는 게 과연 능사인가?'

아마도 이런 것들이 탕자의 갑작스런 회개를 접하는 사람들이 가장 먼저 하게 되는 의구심이 아닐까? 하지만 우리는 아버지 집으로 돌아가기로 결정한 후에 탕자가 보여 준 일련의 귀향 계획을 찬찬히 살펴봄으로써 탕자의 회개가 깊고도 진실된 것임을 알 수 있다. 더 나아가 탕자의 회개는 성경 전체에서 참된 회개의 본보기로 삼아도 될 만큼 곳곳에서 회개의 진정성을 보여 주고 있다.

전반부의 탕자가 하나님을 떠난 인간의 '죄악'된 모습의 좋은 본보기였다면, 후반부의 탕자는 하나님께 돌아오는 '회개'의 가장 생생한 본보기가 된다. 이번 장에서는 탕자의 삶에 일어난 급반전과 아버지 집으로 돌이키게 되는 과정을 한 단계씩 추적해 보고자 한다. 이로써 값싸고 열매 없는 회개가 난무하는 이 시대에 우리가 어떻게 하나님이 진정 기뻐하시는 회개의 자리로 나아갈 수 있는지를 고민해 보는 시간이 되었으면 한다.

이에 스스로 돌이켜: 탕자가 드디어 제정신을 차리다

막다른 골목에서 모든 소망이 사라지는 것처럼 보이던 그 순간에 탕자는 제정신을 차리게 되었다.

"이에 스스로 돌이켜"(눅 15:17).

한적한 들판에서 돼지와 뒹굴며 주린 배를 움켜쥐고 살아야 했던 그 처절한 시간들! 우리는 그 시간들이 탕자에게 얼마만큼 길었는지는 알 수 없다. 하지만 한 가지 분명한 사실은 그 고통의 시간들이 탕자에게 극적이고 긍정적인 모멘텀으로 작용했다는 것이다. 들판에서의 고독과 그곳에서 당하게 된 생존의 문제는 탕자가 정신적인 무감각 상태에서 완전히 벗어나도록 도와주는 강력한 충격 요법이 되었다.

물론 이런 고통의 시간들이 탕자의 경우처럼 모두 긍정적인 결과로 나타나는 것은 아니다. 오히려 고통을 견디다 못해 '자살'이라고 하는 비극적 결말로 치닫는 경우를 우리는 주위에서 종종 목격하지 않는가!

스토리텔러이신 예수님은 탕자가 '스스로 돌이켰다'고 말씀하고 있다. 대부분의 영어 성경은 이 말씀을 이렇게 번역하고 있다.

"He came to himself."

즉 탕자는 그제야 '제정신으로 돌아오게' 된 것이다. 사실 탕자가 멀쩡히 살아 있는 아버지에게 유산을 요구한 순간부터 마침내 돼지치기 신세로 전락한 지금까지, 그는 만인의 지탄을 받을 만한 행동만 골라서 했다. 그는 고삐 풀린 망아지처럼 무한대의 자유와 무절제한 탐욕을 찾아서 향방 없는 여행을 떠났다.

집을 떠난 탕자의 삶은 이성을 가진 사람이라면 도저히 이해할 수 없는 것들로 점철되어 있다. 회개하기 전 탕자의 모습은 한마디로 '미친 사람', '정신 이상자'였다. 이처럼 죄는 본질적으로 비이성적이다. 죄는 인간을 자유롭게 할 것처럼 유혹하지만 결국은 문자 그대로 미친 상태로 우리를 몰고 간다.

막다른 골목에서 자포자기하며 정신착란 직전까지 몰린 상황에서 탕자는 극적으로 제정신을 차리게 되었다. 제정신으로 돌아온 탕자에게는 불현듯 자신이 지난날에 지었던 모든 과오들이 주마등처럼 스쳐 지나갔을 것이다.

'돌이킴', 회개에 대한 유대적 사고

'돌아온 탕자의 비유'에서 가장 드라마틱한 부분은 바로 17절 전반부 말씀이다.

"이에 스스로 돌이켜"(눅 15:17).

17절 전반부를 분기점으로 볼 때 그 이전과 이후에서 탕자의 삶은 드라마틱한 급반전을 보이고 있다. 요즘 유행하는 말로 표현하면 '폭풍반전'이다.

탕자는 제정신을 차렸고, 그제야 멸망으로 치닫는 급행열차에서 화급하게 내렸다. 그리고 가던 방향과 정반대의 방향으로 급선회하게 된다.

'돌아온 탕자의 비유'에서 급반전에 해당하는 이 말씀은 회개에 대한 유대인들의 사고를 생생하게 보여 준다. 신약성경이 헬라어로 기록되어 있지만 그 내용을 보면 구석구석에서 히브리어 관용구들이 발견된다. 우리말 성경에 '이에 스스로 돌이켜'로 번역된 이 말씀도 그 대표적인 예다.

이 부분은 헬라어 원어에서 '에이스 헤아우톤 데 엘돈'(εἰς ἑαυτὸν δὲ Ελθών) 으로 되어 있는데, 이것은 히브리어 관용구인 '호제르 보'(בו חוזר)를 그대로 직역한 표현이다. 이것이 우리말 성경에는 '스스로 돌이켰다', 영어 성경에는 '제 정신을 차렸다'(He came to himself) 등으로 번역된 것이다.

사변적이고 추상적인 것을 특징으로 하는 헬라인들의 사고와 달리, 유대인들의 사고는 지극히 구체적이다. 이런 유대인들의 사고는 히브리어 표현에서도 고스란히 묻어 나온다. 히브리어에는 '회개'라는 추상적인 개념의 단어가 별도로 존재하지 않는다.

그러면 히브리어에서는 '회개'를 어떤 식으로 표현할까? 이때는 '돌이키다'를 의미하는 '슈브'(שוב), '호제르 보'(ם חזר)와 같은 구체적인 행위 동사가 사용된다. 예를 들어 니느웨 백성은 선지자 요나의 메시지를 듣고 회개했다. 성경은 '그들이 저마다 자기가 가던 악한 길에서 돌이켰다'(욘 3:10)고 표현하고 있다. 이것이 바로 유대적 개념, 더 나아가 성경적 개념에서 본 회개다.

회개는 '방향을 바꾸는 것', 즉 '유턴(U-turn)을 하는 것'이다. 그러면 어느 쪽으로 방향을 바꾸는 것일까? 바로 하나님께로 방향을 돌이키는 것이다. 이런 점에서 '돌아온 탕자의 비유'만큼 '죄'와 '회개'라고 하는 추상적인 개념을 구체적이고 생생하게 묘사해 주는 말씀도 없다.

'죄'는 아버지(하나님)와 의절하고 아버지 집을 떠나 먼 나라를 향해 가는 것이다. 반면 '회개'는 정신을 차리고 다시 아버지(하나님)의 집으로 돌아오는 것이다.

"이에 일어나서 아버지께로 돌아가니라"(눅 15:20).

이런 점에서 회개는 후회나 슬픔과 같은 감정상의 일시적 변화와는 확실하게 구별된다. 물론 진정한 회개에는 후회와 슬픔과 같은 감정적 변화가 따르게 마련이다. 하지만 그 자체가 회개는 아니다. 성경은 후회와 슬픔과 같은 감정적 변화의 단계에서 멈추어 버린 것을 결코 회개로 보지 않는다.

우리는 구약성경의 에서와 신약성경의 가룟 유다의 경우에서 회개와 후회의 차이를 분명하게 엿볼 수 있다. 에서는 장자권을 경홀히 여기고 팔아 버린 것을 후회하며 그것을 다시 돌려달라고 애원했다.

> "너희가 아는 바와 같이 그가 그 후에 축복을 이어받으려고 눈물을 흘리며 구하되 버린 바가 되어 회개할 기회를 얻지 못하였느니라"(히 12:17).

가룟 유다도 스승인 예수님을 배신한 자신의 행위가 옳지 못했음을 깨닫고 뼈를 깎는 듯한 후회의 감정과 슬픔에 북받쳐 자살로 생을 마감했지만 결코 회개에 이르지는 못했다.

> "그때에 예수를 판 유다가 그의 정죄됨을 보고 스스로 뉘우쳐 그 은 삼십을 대제사장들과 장로들에게 도로 갖다 주며 이르되 내가 무죄한 피를 팔고 죄를 범하였도다 하니 그들이 이르되 그것이 우리에게 무슨 상관이냐 네가 당하라 하거늘 유다가 은을 성소에 던져 넣고 물러가서 스스로 목매어 죽은지라"(마 27:3-5).

랍비 문헌에 나타난 회개와 구원

'회개=돌이킴'이라고 하는 유대인들의 사고를 보여 주는 대표적인 말씀이
구약성경에 나온다.

> "여호와여 우리를 주께로 돌이키소서 그리하시면 우리가 주께로 돌아가
> 겠사오니 우리의 날들을 다시 새롭게 하사 옛적 같게 하옵소서"(애 5:21).

> "만군의 여호와가 이르노라 너희 조상들의 날로부터 너희가 나의 규례
> 를 떠나 지키지 아니하였도다 그런즉 내게로 돌아오라 그리하면 나도
> 너희에게로 돌아가리라 하였더니 너희가 이르기를 우리가 어떻게 하여야
> 돌아가리이까 하는도다"(말 3:7).

이상 두 말씀은 회개에 대한 유대적 사고의 근간을 이루는데, 회개의 주도
권 면에서 언뜻 상반된 듯한 모습을 보여 준다. 랍비들은 회개의 문제를 다루
면서 그 주도권이 누구에게 있는가, 즉 하나님께 있는가 아니면 사람에게 있
는가를 놓고 열띤 토론을 벌였다. 그럼에도 진정한 회개를 위해서는 하나님의
은혜와 도우심이 절대적으로 필요하다는 사실에 의견의 일치를 보였다.

유대인들의 성서주석인 미드라쉬에는 예수님이 말씀하신 '돌아온 탕자의
비유'와 비슷한 스토리들이 나온다. 스토리만 비슷한 게 아니다. 바로 회개와
구원과 관련된 메시지와 교훈에서도 상당한 일치를 보여 준다.

한 왕의 아들이 잘못된 길로 나갔다. 왕은 아들의 개인 선생을 통해 이런 메시지를 보냈다.

"내 아들아, 네 자신에게로 돌아가라(즉 회개하라)."
그러나 그 아들은 아버지에게 이렇게 말했다.
"제가 무슨 낯으로 돌아갈 수 있겠습니까? 저는 너무 부끄러워서 아버지께 돌아갈 수 없습니다."
그때 아버지가 아들에게 사람을 보내어 말하기를, "아들이 아버지에게 돌아오는데 무엇이 부끄러우냐? 네가 아버지에게 돌아오는 것이 아니냐?"(Deut. Rab. 2.24)

어떤 왕에게 아들이 하나 있었는데, 그는 아버지로부터 달아나 100일 동안 떠돌았다. 그의 친구들은 "아버지에게 돌아가라"고 권했지만 그는 "그럴 수 없다"고 말했다. 마침내 그의 아버지가 사람을 보내 말했다. "할 수 있는 한 기까이 오너라, 그 남은 거리는 내가 네게로 나아가마." 그래서 하나님은 말씀하신다. "내게로 돌아와라. 나도 네게로 돌아가겠다."(Per. Rab. 44)

이외에도 성서시대부터 지금까지 유대인들이 매일 드리는 18개의 기도문에서 다섯 번째 기도문은 그 전체 내용이 회개의 문제를 집중적으로 다루고 있다.

"주여, 우리가 주님께로 돌아가게 하옵시고, 예전과 같이 우리의 시대에 회개하게 하옵소서. 회개하는 자를 기뻐하시는 주여, 주님을 송축하나이다!"

또 다른 미드라쉬 구절(Midr. Ps. 85:4)에는 하나님께서 인간의 죄악을 도말하시기 전에 인간의 세 가지 선한 행위를 보시는데, 즉 기도, 구제와 함께 '회개'를 포함시키고 있다.

이처럼 각종 유대 문헌에 나타난 회개에 대한 유대적 가르침은 복음서에 나타난 바리새인들의 그것과 확연한 차이를 보이고 있다. 복음서에 나오는 바리새인들은 예수님이 가시는 곳마다 따라다니면서 불평을 하고 딴지를 건다.

하지만 우리가 반드시 기억해야 할 사실은 예수님 당시에도 그렇고 오늘날 유대교에도 그렇고 순전히 율법을 통해서 구원에 이를 수 있다는 가르침은 존재하지 않는다는 것이다. 은혜와 믿음을 유독 강조하는 기독교에서도 여전히 율법적인 신앙생활을 하는 크리스천들이 상당수 있듯이, 동일한 현상은 유대교 신자 안에서도 발견된다.

예수님 당시의 바리새인들 가운데 다양한 학파가 있었고 개중에는 특별히 경직된 율법 해석을 고수하던 학파가 있었다. 다름 아닌 샴마이 학파다. 예수님의 사역지를 졸졸 따라다니며 트집을 잡고 불평을 일삼던 바리새인들은 아마도 샴마이 학파 계열의 사람들이 아니었을까 싶다. 중요한 것은 복음서에 나타난 바리새인들의 이미지만을 가지고 예수님 당시의 바리새인들을 뭉뚱그려서 판단해서는 안 된다는 것이다. 이것은 마치 오늘날 언론에 대서특

필되는 기독교 목회자의 타락상을 기초로 한국의 기독교 전체를 매도할 수 없는 것과 같다.

참된 회개 1: 정확한 자기 발견과 아버지에 대한 태도 변화

참된 회개가 감정적인 후회나 슬픔과 확실히 구별되는 것은 그에 합당한 열매가 보인다는 점에서다. 교부 아우구스티누스를 비롯한 몇몇 신학자들은 탕자의 회심을 진정한 회개가 아닌, 단지 자기가 빠진 궁지에서 벗어나기 위한 일시적인 방편이라고 폄하하기도 했다.

하지만 우리는 탕자가 제정신을 차리고 아버지 집으로 돌아가기로 결심한 이후에 보여 준 일련의 행동들을 하나씩 분석해 봄으로써 그의 회개 속에 담긴 진정성을 엿볼 수 있다.

먼저 우리가 살펴볼 것은 제정신이 들자마자 탕자의 입에서 나온 자조 섞인 고백이다.

> "이에 스스로 돌이켜 이르되 내 아버지에게는 양식이 풍족한 품꾼이 얼마나 많은가 나는 여기서 주려 죽는구나"(눅 15:17).

우리는 이 고백을 통해 아버지에 대한 탕자의 태도에 중대한 변화가 생긴 것을 알 수 있다. 아버지의 집을 박차고 나올 때까지만 해도 탕자에게 아버지는 그저 완고하고 자신을 속박하는 귀찮은 존재였을 뿐이다. 하지만 집을 나와 온갖 고생을 한 뒤 제정신이 들자, 아버지에 대한 탕자의 사고에는 확실한 변화가 일어났다.

탕자는 날품팔이 품꾼들에게까지도 관대하고 친절하고 인정이 많던 아버지의 모습을 떠올린 것이다. 어떤 지역, 어떤 문화에서나 날품팔이 품꾼은 하루 벌어 하루 살아가는, 한마디로 간신히 입에 풀칠을 하는 사람들이다. 이들은 그 사회에서 가장 밑바닥에 있는 사람들이다. 그런데 탕자의 아버지는 이

아 버지...

런 날품팔이 품꾼들에게도 늘 기준치 이상의 일당을 쥐어 준 듯하다. 아버지 집을 위해 일하던 품꾼들은 근근이 먹고 산 게 아니라 늘 풍성했기 때문이다.

탕자는 자신이 아버지 집을 떠나 먼 나라에서 날품팔이 품꾼과 같은 신세에 처하고 나서야 아버지의 그런 인자한 모습이 떠오른 것이다. 먼 나라에서는 탕자의 재산을 갈취하려는 사기꾼만 있었지 호주머니가 텅 빈 그에게 자비와 관대함을 보여 준 이는 한 사람도 없었다.

아버지에 대한 태도 변화와 함께 탕자에게는 자신의 처지에 대한 정확하고도 냉정한 평가가 나타났다. 탕자의 고백을 볼 때 그는 초라한 돼지치기로 전락한 자신의 처지를 제대로 인식하고 있다.

"나는 여기서 주려 죽는구나!"

이 고백과 탄식은 탕자의 상황이 얼마나 절망적인지를 간결하고도 정확하게 표현하고 있다. 여기에는 아무런 과장도, 엄살도 들어 있지 않다. 탕자는 글자 그대로 굶어 죽을 지경이었다.

참된 회개에 이르지 못한 자들은 언제나 자기가 얼마나 궁핍한 처지에 놓였는지를 솔직하게 고백하기를 꺼린다. 바리새인과 서기관들처럼 교만하고 남의 이목을 늘 의식하며 살아가는 죄인들은 자신의 죄를 인정하는 것이 죽기보다 싫고 또 어렵다. 그래서 예수님은 "건강한 자에게는 의사가 쓸 데 없고 병든 자에게라야 쓸 데 있느니라"(마 9:12)고 말씀하셨는지도 모른다.

탕자의 자조 섞인 고백은 참된 회개에서 나타나는 아버지(하나님)와 자신에 대한 인식의 변화를 보여 준다. 회개하기 전의 죄인들에게 하나님은 그저 자신을 속박하고 군림하고 귀찮게 하는 존재일 뿐이었다. 그리고 하나님 없이

도 세상을 당당히 살아갈 수 있다고 믿었다.

하지만 참된 회개에 이른 죄인들에게 하나님은 인자와 자비와 긍휼이 풍성하신 분으로 새롭게 찾아온다. 그리고 자신은 이 하나님의 자비가 없이는 한순간도 살 수 없고 곧바로 주려 죽을 수밖에 없는 비참한 존재라는 것을 뼈저리게 인식하게 된다.

이처럼 참된 회개에는 나 자신과 하나님, 더 나아가 세상을 바라보는 방식에서 근본적인 변화가 따른다. 참된 회개는 상투적이고 일시적인 기분 전환이 아니라, 강력하고 예리하고 우리의 영혼을 산산이 부수고 삶을 변화시키고 태도를 바꾸어 놓는 총체적이고도 전면적인 방향 전환을 의미한다. 즉 참된 회개를 통해 우리 안에 새 영을 이식시키시는 성령님의 수술 작업이 진행되는 것이다.

> "내가 그들에게 한 마음을 주고 그 속에 새 영을 주며 그 몸에서 돌 같은 마음을 제거하고 살처럼 부드러운 마음을 주어 내 율례를 따르며 내 규례를 지켜 행하게 하리니 그들은 내 백성이 되고 나는 그들의 하나님이 되리라"(겔 11:19-20).

참된 회개 2: 하나님께 통회하는 심령

탕자에게 있어서 회개의 진정성을 보여 주는 두 번째 단서는 아버지 집으로 돌아가기로 결심한 후에 작정한 두 가지 계획에서 잘 나타난다.

열린다 비유
돌아온 탕자 이야기

첫째, 탕자는 아버지에게 가서 제일 먼저 이렇게 고백하기로 계획을 세운다.

"내가 일어나 아버지께 가서 이르기를 아버지 내가 하늘과 아버지께 죄를 지었사오니"(눅 15:18).

둘째, 탕자는 아들로서 자신의 지위를 포기하고 자신을 품꾼의 하나로 써 달라고 간청하기로 계획을 세운다.

"지금부터는 아버지의 아들이라 일컬음을 감당하지 못하겠나이다 나를 품꾼의 하나로 보소서 하리라 하고"(눅 15:19).

먼저, 탕자의 첫 번째 계획을 살펴보도록 하자. 아버지를 만나자마자 고백하려던 탕자의 말 속에는 회개의 진정성을 보여 주는 의미심장한 무언가가 담겨 있다. 그것은 탕자가 단순히 '아버지'께 죄를 지었음이 아니라 먼저 '하늘'에 죄를 지었음을 고백하고 있다는 것이다. '하늘'은 '하나님'을 나타내는 유대인의 완곡한 표현 중 하나다. 유대인은 십계명 중 3계명에 대한 순종 때문에 '하나님'을 함부로, 그리고 직접적으로 언급하지 않는다. 대신 샤마임(שמים, 하늘), 하그부라(הגבורה, 그 권능), 하마콤(המקום, 그 장소)과 같은 대체 용어를 사용하며 완곡하게 돌려서 표현한다.

"너는 네 하나님 여호와의 이름을 망령되게 부르지 말라 여호와는 그의 이름을 망령되게 부르는 자를 죄 없다 하지 아니하리라"(출 20:7).

복음서에 나타난 예수님도 1세기 당시 랍비들처럼 하나님의 이름을 사용하는 데 있어 철저한 경외심을 보여 주고 있다. 즉 하나님을 가리키는 상황에서 '하늘', '권능'과 같은 대체 용어를 사용하고 있는 것이다.

"요한의 세례가 어디로부터 왔느냐 하늘로부터냐 사람으로부터냐 그들이 서로 의논하여 이르되 만일 하늘로부터라 하면 어찌하여 그를 믿지 아니하였느냐 할 것이요"(마 21:25).

"예수께서 이르시되 네가 말하였느니라 그러나 내가 너희에게 이르노니 이후에 인자가 권능의 우편에 앉아 있는 것과 하늘 구름을 타고 오는 것을 너희가 보리라 하시니"(마 26:64).

이미 언급한 것처럼, 헬라어로 기록된 신약성경에는 히브리어 관용구들이 곳곳에서 발견되는데, 탕자의 고백에서도 이런 현상이 잘 나타난다. 탕자는 자신의 죄가 단지 아버지에 대한 불효의 차원을 넘어서는 그 이상의 것임을 인식했다. 곧 자신이 하나님께 불순종한 죄인임을 자각한 것이다.

우리가 인생을 살면서 인간관계를 통해 부각되는 수많은 죄들은 그 당사자와의 관계뿐 아니라 근본적으로 하나님과의 관계에서 비롯된다. 이런 사실에 대한 직관적이고 영적인 통찰과 통회하는 심령은 참된 회개에서 나타나는

공통된 현상이다.

"말하기를 나의 하나님이여 내가 부끄럽고 낯이 뜨거워서 감히 나의 하나님을 향하여 얼굴을 들지 못하오니 이는 우리 죄악이 많아 정수리에 넘치고 우리 허물이 커서 하늘에 미침이니이다"(스 9:6).

신약성경, 특히 사복음서에는 히브리어 관용구들이 물씬 녹아 있는데 그중에서도 마태복음과 누가복음의 차이점을 관찰하는 것은 무척 흥미로운 일이다. 유대인 저자인 마태는 자신의 복음서를 읽을 대상으로 동족인 유대인을 염두에 두었다. 반면, 이방인 저자인 누가는 자신의 복음서를 읽을 대상으로서 이방인 성도들을 염두에 두었다. 이런 차이점들이 두 복음서에서 저자가 선택한 헬라어 단어들에 잘 드러난다.

'하나님 나라는 겨자씨와 같다'는 예수님의 말씀은 두 복음서에 모두 기록되어 있다(마 13:31, 눅 13:18-19). 이때 유대인 저자 마태는 독자가 될 유대인들을 염두에 두고 '하나님 나라'에서 '하나님'을 '하늘'(우라노스, οὐρανός)로서 완곡하게 표현하고 있다. 즉 '하나님 나라'를 '하늘나라'로 표현한 것이다.

반면 이방인 저자 누가는 자신의 독자가 될 이방인 성도들이 이런 히브리어적인 관용구를 이해하지 못할 것을 염려했기 때문인지 '하나님'을 직접적으로 언급하고 있다(데오스, θεός). '하나님 나라'를 영어로 표현할 때 'Kingdom of Heaven'과 'Kingdom of God'이 모두 가능한 것도 두 복음서에서 서로 다른 헬라어를 사용하고 있기 때문이다.

그럼에도 저자 누가는 탕자의 드라마틱한 회개를 나타내는 부분에서만큼은 다른 곳과 달리 '하나님'이 아니라 '하늘'이라고 하는 히브리어 관용구를 고집하고 있다. 그 이유는 저자인 누가 자신만 알고 있겠지만 나는 그 이유가 자못 궁금하다.

열린다 비유
돌아온 탕자 이야기

참된 회개 3: 은혜 받을 자격이 없는 자로서의 자각

이미 앞서 언급한 대로 탕자는 아버지를 만나자마자 자신을 아들로서가 아니라 품꾼의 하나로 받아 달라고 요청할 참이었다.

> "지금부터는 아버지의 아들이라 일컬음을 감당하지 못하겠나이다 나를 품꾼의 하나로 보소서 하리라 하고"(눅 15:19).

참된 회개에는 언제나 자신이 어떤 호의나 은혜도 받을 만한 아무런 자격이 없는 자라는 통렬한 인식이 따른다. 탕자는 아버지 집으로 돌아가기로 결심하면서 이전에 누리던 아들로서의 합법적인 신분을 보장해 달라는 뻔뻔스런 요구를 하지 않았다. '벼룩도 낯짝이 있다는데…' 탕자가 제정신을 차렸고 진실되게 회개했다면 무슨 염치로 그런 뻔뻔한 요구를 할 수 있겠는가?

대신 탕자는 아버지 집을 위해 일하는 품꾼의 하나로서 평생 속죄하기로 결심했다. 자고로 고향을 박차고 나온 사람이 다시 고향으로 돌아가기로 결심하는 것은 '금의환향'과 같은 성공적인 귀향이 아닌 이상 쉽지 않은 법이다. 여기에는 감당하기 힘든 수치와 모멸감이 따른다.

하지만 탕자는 자신이 감당해야 할 모든 수치를 회피하지 않았고 정면으로 맞기로 결심했다. 그것이 마을 공동체에서는 가장 신분이 낮은 품꾼의 신분이라도 기꺼이 감내하겠다는 결심에서 나타난다. 탕자는 자신이 아버지 집으로 돌아가서 당하게 될 그 어떤 수치도 먼 나라에서 돼지와 뒹굴며 돼지치기로 살아가는 수치와 비교할 때 도저히 비교도 될 수 없는 것임을 자각했다. 그것이 제정신을 차린 탕자에게 일어난 또 다른 변화였다.

탕자는 아무것도 기대하지 않았고 이전에 누리던 어떠한 특권도 요구하지 않았다. 수치를 약간이라도 모면하기 위해 자신과 아버지의 화해를 중재할 수 있는 중재자를 미리 보내지도 않았다.

탕자는 최소한의 자존심을 지키고 수치를 모면할 요량으로 항복에 대한 조건으로 어떠한 단서도 달지 않았다. 그야말로 백기투항이다. 탕자는 자기의 죄를 고백했을 뿐 아니라 아버지의 자비와 인자하심에 자신의 운명을 전적으로 내맡긴 것이다.

참된 회개 4: 자신의 과오에 대해 기꺼이 책임지려는 자세

탕자는 이전에 누리던 아들의 신분으로서가 아니라 품꾼의 하나가 되어 일평생 아버지 집을 위해 봉사하기로 결심했다. 우리는 여기서 기꺼이 '품꾼'의 하나가 되고자 하는 탕자의 계획을 자세히 살펴보고자 한다. 이를 통해 참된 회개에 도달한 탕자의 또 다른 이면과 그 속에서 참된 회개의 중요한 속성을 발견할 수 있기 때문이다.

품꾼은 헬라어로 '미스디오스'(μίσθιος)로서 '고용된 종'(hired servant)을 의미한다. 이것은 우리말로 '날품팔이'라고 번역하는 것이 가장 적절한데, 고대 세계는 현대인들이 상상하는 것 이상으로 하인(노예)들의 세계가 광범위하고 계층화되어 있었다.

영국의 신학자인 오스털리(Oesterley)는 자신의 책인 《유대적 배경》(Jewish Background)에서 1세기 이스라엘 사회에 존재하던 하인들의 3개 계층에 대해 다음과 같이 언급하고 있다. 적절한 우리말 번역을 찾기가 곤란해 영어를 그대로 표기했다.

1계층. Bondsmen
2계층. Slaves of a lower class
3계층. Hired servants

하인 계층에서 1계층에 속하는 'Bondsmen'은 주인의 재산의 일부로서 거의 가족과 같은 위치에 있는 하인이었다. 2계층에 속하는 'Slaves of a lower class'는 'Bondsmen'의 지휘를 받기 때문에 한 단계 낮은 계층의 하인이었다. 3계층에 속하는 'Hired servants'가 '돌아온 탕자의 비유'에 나오는 '품꾼'에 해당한다.

1, 2계급에 속한 하인들은 주인과 함께 살아가기 때문에 주인이 파산하지 않는 한 결코 굶어 죽을 염려가 없었다. 어디 그뿐인가? 1계급에 속한 하인 계층은 말이 '하인'이지 현대인들이 생각하는 그런 하인과는 전혀 달랐다. 이 계층의 하인들이 하던 일은 주인집 전체의 사무를 관장하는 집사(청지기), 주인 집 자녀의 교육을 담당하는 가정교사 등이 포함되는데 이 정도면 현대적 개념에서는 전혀 하인이 아니다. 이들은 나름대로 교육 수준이 높았고 교양도 있었으며 주인의 호의를 입고 종종 자유인의 신분이 되기도 했다.

이와 달리 품꾼은 하인 계급 중에서도 가장 지위가 낮은 계층에 속했다. 품꾼, 즉 날품팔이는 고대 사회에서 가장 절망적인 상태의 가난을 경험하며 살아야 했다. 그것은 주인집에 얹혀 살면서 숙소, 의복, 온갖 생필품 등을 무상으로 공급받으며 안정적으로 살던 1, 2계층의 하인 그룹과 달리, 품꾼은 주인의 재산 목록에도 들어 있지 않은 완전한 '외부인'(outsider)이었기 때문이다.

품꾼은 자신에게 지속적으로 호의를 베풀어 주는 주인(후원자)이 없었다. 이들은 의식주와 관련된 모든 것을 혼자서 해결해야 했으며 무슨 일이든 닥치는 대로 하면서 하루하루 간신히 입에 풀칠을 하며 살아갔다. 이들은 대체로 집 없이 살아가는 비숙련 노동자들로서 가장 천하고 달갑지 않은 단순 노동이 이들에게 맡겨졌다. 그것도 비정규직이었다. '포도원 품꾼의 비유'(마 20:1-16)에는 포도 수확 시즌과 같이 갑작스레 다수의 일꾼이 필요한 상황에서 품꾼이 고용되는 장면이 등장한다.

> "천국은 마치 품꾼을 얻어 포도원에 들여보내려고 이른 아침에 나간 집 주인과 같으니"(마 20:1).

품꾼은 일반적으로 굉장히 빈약한 품삯을 '울며 겨자 먹기' 식으로 감수해야 했다. 고대 세계에서 품꾼의 수효는 늘 넘쳐났기 때문에 이들은 자신의 품삯을 협상할 만한 위치에 있지 못했다. 이들에게는 가족이 죽지 않고 간신히 하루를 버틸 수 있는 품삯(대체로 1데나리온)이 하루 일당으로 주어졌다. 그나마

열린다 비유
돌아온 탕자 이야기

이런 일거리도 매일 안정적으로 주어진 것이 아니기 때문에 이들은 늘 위태한 하루를 보내곤 했다. 탕자의 경우처럼 '기근'이라고 하는 예기치 않은 상황에 처할 때 가장 먼저 타격을 입는 사람들이 품꾼이었다.

모세의 율법은 고대 사회에서 다수를 차지하던 품꾼의 인권을 보호하는 조항을 구체적으로 명시하고 있다. 바로 품꾼의 품삯을 해를 넘기지 말고 반드시 당일에 지불하라는 것이다. 하루하루 연명하는 품꾼에게 품삯을 당일에 지불하지 않는 것은 그 사람의 목숨을 담보로 하는 가혹 행위이기 때문이다.

> "너는 네 이웃을 억압하지 말며 착취하지 말며 품꾼의 삯을 아침까지 밤새도록 네게 두지 말며"(레 19:13).

고대 세계에서 품꾼이 차지하던 사회적 위치를 알 때 탕자가 귀향을 결심하면서 아들이 아니라 품꾼의 신분이 되겠다고 계획한 것은 '회개'라는 측면에서 우리에게 시사하는 바가 크다. 우리는 희개 하면 흔히 "회개합니다. 잘못했습니다!"라고 말하며 '입으로만 때우는' 것을 생각하기 쉽다. 하지만 회개에는 반드시 자신이 저지른 죄악 된 행동에 대해 책임지려는 자세가 동반되어야 한다.

탕자는 자신이 아버지 집으로 돌아오려고 할 때 발생할 수 있는 문제들을 모를 만큼 어리석지도, 순진하지도 않았다. 명예를 최고의 가치로 여기던 고대 사회에서 탕자의 귀환은 가족과 마을 공동체 전체의 명예를 손상시키는 심각한 문제였다. 탕자는 감당할 수 없는 수치를 가족과 마을 공동체에 안겨 주고 떠나갔다. 그는 이미 그 마을에서는 사회적으로 죽은 사람이었다.

탕자의 귀향 계획을 듣던 청중의 머릿속에는 누가 먼저랄 것도 없이 저마다 이런 생각이 떠올랐을 것이다.

'탕자가 다시 아버지 집에 돌아오고자 한다면 자신의 잘못을 속죄하기 위해 평생 동안 고역을 감당해야 한다.'

가족과 마을 공동체의 명예를 생각할 때 귀향을 위한 최선의 방책은 자신이 아들로서가 아니라 품꾼으로 돌아오는 것이다. 자신이 수치를 감내하는 것만이 가족과 마을 공동체의 명예를 지켜 줄 수 있는 유일한 방책이기 때문이다. 품꾼으로서 아버지 집을 위해 일평생 수고를 감당하겠다는 탕자의 자세는 여기서 비롯된 것이다.

아들이 아닌 품꾼으로 돌아오는 것이 무엇보다 중요했던 또 하나의 이유가 있다. 바로 편치 않은 큰형과의 관계 때문이다. 동생이 돌아왔을 때 형이 보여 준 매몰찬 반응을 볼 때 평소 형제지간에 사랑과 우애가 돈독하지는 않았던 것 같다. '형제는 용감했다'는 말이 있지만 비유 속의 형제에게는 이런 말이 더 어울릴 듯하다. '형제는 삭막했다!'

탕자는 자신이 돌아갔을 때 형이 어떤 반응을 보일지 충분히 예상했을 것이다. 만약 자신이 아들로서 돌아간다면 아버지 집에 함께 살아야 한다. 하지만 아버지는 이미 자식들에게 유산을 모두 상속해 주지 않았던가! 유산을 미리 받았더라도 형에게는 아버지를 봉양할 책임이 있었지만 엄밀하게 말하면 아버지 집의 재산은 법적으로 이미 형의 소유다.

탕자가 집 안으로 들어온다면 이것은 형의 재산을 지속적으로 축내는 행위가 된다. 그렇지 않아도 까칠한 형이 이것을 용납할 리가 없다. 가족의 명예뿐 아니라 탐욕스런 형의 성품을 고려했을 때도 탕자에게는 아들이 아니라 품꾼으로 돌아가는 것만이 자신이 저지른 비행에 대해 철저히 속죄하고 책임을 지는 행위가 되는 것이다.

아버지는 왜 먼저 달려가 아들에게 입 맞추고 포옹했을까?

성서시대, 목숨보다 중히 여긴 수치와 명예

아버지는 그 아들이 마을에 당도하기 전에 그를 가장 먼저 맞이하기를 원했다. 그것은 탕자로 낙인찍힌 아들이 아버지와 화해하지 않은 채로 마을 입구에 들어설 경우 마을 사람들로부터 당하게 될 온갖 조롱과 욕설, 심하면 폭행으로부터 아들을 보호하기 위함이었다. 아버지는 아들 대신에 자신이 그러한 창피와 모욕, 욕설을 기꺼이 당할 참이었다.

탕자는 막다른 골목에서 제정신을 차렸고 아버지 집으로 향하는 회개의 걸음을 한 발 한 발 옮겼다. 아버지 집에서 먼 나라까지의 '지리적인' 거리는 분명 같지만, 탕자가 집을 나설 때와 다시 돌아갈 때 느끼는 '심리적인' 거리는 하늘과 땅 차이였다.

받은 유산을 즉시 현금화하고 두둑한 주머니에 손을 넣고 아버지 집을 나설 때 탕자의 발걸음은 가볍고 기분은 상쾌하며 그야말로 날아갈 것 같았다. 하지만 먼 나라에서 온갖 고생을 겪은 후 빈털터리가 되어 다시 아버지 집으로 돌아가는 탕자의 발걸음은 쉽게 떨어지지 않았다. 그야말로 천근만근 무거웠다.

어느덧 아버지 집에 거의 다다르자 마치 낭떠러지에 간신히 걸린 듯한 절박함이 탕자의 온 신경과 마음을 사로잡았다. 이제 탕자의 남은 인생은 전적으로 아버지의 처분에 달렸다. 탕자는 '삶과 죽음의 기로에 선다는 것이 바로 이런 것이구나' 하고 느끼면서 아버지 앞에서 고백할 회개문을 반복해서 읊조렸다.

> "아버지 내가 하늘과 아버지께 죄를 지었사오니 지금부터는 아버지의 아들이라 일컬음을 감당하지 못하겠나이다 나를 품꾼의 하나로 보소서 하리라"(눅 15:18-19).

'만에 하나 이 회개문을 고백할 기회도 없이 아버지가 나를 문전 박대하신다면 어찌할까?'라는 생각이 수시로 들었지만, 탕자는 그래도 어찌할 도리가 없었다. 그게 현재 탕자가 처한 운명이었다.

모든 스토리에는 청중을 완전히 몰입시키는 하이라이트가 몇 군데 있게 마련인데 '돌아온 탕자의 비유'에서는 바로 이 부분도 하이라이트 후보에서 빠지지 않는다. 물론 청중과 함께 예수님이 비유의 타깃으로 삼고 있던 바리새인과 서기관들도 이 부분에서는 귀를 쫑긋 세우고 스토리 속에 흠뻑 몰입해 있었을 것이다.

바리새인들은 탕자가 먼 나라에서 기근을 만나고 돼지를 치고 쥐엄열매를 먹어야 하는 상황에서 스토리가 막을 내리기를 바랐다. 그 정도면 '하나님이 죄인을 벌하시고 의인에게 상을 주신다', 즉 바리새인들이 추구하던 신학 노선과 정확히 일치했다. 하지만 탕자는 막다른 골목에서 제정신으로 돌아와 극적으로 회개했고, 바리새인늘은 달갑지 않은 스토리의 전환점을 함께 놀아야 했다.

하지만 아직 실망하기에는 이르다. 비록 회개했다고는 하지만 아버지가 이 배은망덕하고 천덕꾸러기인 탕자를 호되게 징계할 수 있기 때문이다. 바리새인과 서기관들에게 남아 있는 유일한 기대와 관심은 '아버지가 탕자를 어떻게, 그리고 얼마나 많이 징계할 것인가?' 하는 것뿐이었다.

탕자의 아버지는 탕자가 유산을 요구했을 때 이미 뼈저리게 실패한 경험이 있지 않은가? 그때 아버지가 '물에 술 탄 듯 술에 물 탄 듯' 너무 나약하고 너그럽게 대한 탓에, 아들은 아들대로 망치고 아버지는 아버지대로 온갖 수치와 모욕을 당하지 않았던가? '한 번 실수는 병가지상사'라고 했듯이, 이번만큼은 '다리몽둥이를 부러뜨려서라도' 아들의 버릇을 바로잡아야 한다. 이것이

스토리의 전환점을 돌면서 바리새인과 서기관들이 갖고 있던 공통된 생각이었다.

하지만 스토리텔러이신 예수님은 이 부분에서 또다시 극적이고도 예상치 못한 반전을 시도하신다. 물론 이 반전은 청중을 충격과 경악으로 몰아넣었다. 비유의 스토리가 여기까지 오는 과정에서도 몇 번의 반전과 충격이 있었지만, 지금부터 겪게 될 놀라움과 비교하면 그것들은 그저 전초작업과 복선에 지나지 않았다. 이제부터 본 게임이 시작된 것이다.

'돌아온 탕자의 비유'에서는 둘째 아들, 아버지 그리고 첫째 아들의 순으로 스포트라이트가 차례로 비춰진다. 그리고 동일한 순서로 한 바퀴를 더 돈 후에 무대의 막이 내려진다. 이제 무대의 스포트라이트는 다시 아버지에게로 향한다. 과연 아버지는 거지꼴로 돌아온 탕자를 어떻게 맞이할 것인가?

탕자를 맞이하는 가이드라인: 즉각적이고 무조건적인 용서는 없다(?)

스토리의 중간 중간에 도저히 이해할 수 없고 한숨짓게 하는 부분도 있었지만 바리새인과 서기관들은 그럭저럭 예수님의 스토리를 잘 따라오고 있었다. 하지만 탕자를 맞이하는 아버지 부분에 이르러서는 바리새인과 서기관들이 더 이상 양보할 수 없는 가이드라인을 침범하고 있었다. 그것은 '즉각적이고 무조건적인 용서는 없다'는 것이다.

우리는 앞선 장에서 탕자의 회개 속에 담긴 진정성을 세밀히 살펴보았지만, 바리새인들이 보기에는 여전히 부족했다. 이를 충족하기 위해서는 얼마가 될지는 모르지만 일정 기간 참회와 자숙의 시간을 보내야 한다는 것이 그들의 생각이었다.

명예를 그토록 중요시하던 당시의 문화에서 아버지가 탕자를 받아 주지 않는다고 해서 아버지에게 손가락질할 사람은 아무도 없다. 아버지는 탕자를 문전 박대하고 사람들이 공공연히 볼 수 있도록 성문 어귀에 세워 놓을 수도 있다. 집집들의 속사정을 훤히 꿰던 당시의 사회에서 아버지가 아들을 만나지 않고 공개적인 장소에 그냥 세워 둔다면 그것이 의미하는 바는 분명했다.

마을 사람들은 지나가면서 이 탕자를 향해 할 수 있는 가장 심한 말로 모욕과 조롱을 퍼부을 것이다. 심지어 어떤 사람은 침을 뱉기까지 할 것이다.

탕자가 이런 모욕을 당하도록 하는 것이 너무 심하다고 여겨지는가? 하지만 탕자와 같이 패역한 아들을 어떻게 처리할 것인가를 규정한 모세의 율법 조항(신 21:18-21)을 기억한다면 이런 생각은 금세 꼬리를 감추게 된다. 패역한 아들을 돌로 쳐서 죽일 수 있도록 규정한 모세의 율법과 비교할 때, 만약 공개적인 창피를 주는 것으로 끝낸다면 이것은 아버지가 탕자에게 베푸는 지극히 관대하고 자비로운 조치가 될 것이다.

탕자처럼 분란을 일으키고 마을을 떠난 사람을 다시 받아들일 때는 그 정도는 마땅히 감수해야 할 최소한의 절차였다. 아들이 취해야 할 합당한 처신은 지금까지 모욕과 수치를 안겨 준 아버지 앞에서 납작 엎드려 얼굴을 땅에

다 파묻고 사죄하는 것이었다. 아버지의 발에다 입을 맞출 수도 있다. 언감생심 포옹이라니! 그것은 상상도 못할 일이었다.

비록 다시 돌아온 아들이 반갑고 고맙고 사랑스럽더라도 당시의 문화에서 아버지는 체면을 위해서 할 수만 있으면 최대한 쌀쌀맞게 아들을 맞아야 했다. 그것만이 아버지와 마을 공동체의 실추된 명예를 조금이나마 회복하는 길이었다.

아직도 거리가 먼데: 부자의 상봉 시간은 한낮

탕자의 아버지는 상당한 재력을 갖춘 부자임에 틀림없다. 이사야서에는 이웃의 가옥을 하나하나 사들이는 부자에 대해서 이렇게 저주하고 있다.

> "가옥에 가옥을 이으며 전토에 전토를 더하여 빈틈이 없도록 하고 이 땅 가운데에서 홀로 거주하려 하는 자들은 화 있을진저"(사 5:8).

고대 사회에서나 현대 사회에서나 인간은 더불어 살아가는 사회적 존재다. 성경은 탐욕스런 부자가 결국은 그 땅에서 혼자 외롭게 거하게 될 것이라고 선포하고 있다. 현대 사회보다 더불어 살아가는 의미가 더욱 강하던 고대 사회에서 이것은 개인이 당하게 될 최악의 운명을 암시한다. 탕자의 아버지도 비록 부자지만 마을 공동체의 일원으로서 더불어 살아가야 하는 사람이다.

당연히 탕자가 돌아왔을 때 마을의 어른들이 어떤 조치를 취하기 원하는지를 잘 알았을 것이다.

주전 2세기 유대인들의 지혜서인 시락서는 그 시대를 살아가던 개인이 가장 공포스러워하는 네 가지를 말하고 있다(Sirach 26:5). 그중에서 두 가지가 탕자에게 찾아올 것이다. 첫째는 마을 사람들로부터 집단 이지메(왕따)를 당하는 것이고, 둘째는 지금의 조직폭력배들처럼 마을의 불량배들로부터 위협을 당하는 것이다.

당시의 이러한 문화적 배경을 알 때 탕자를 보자마자 아버지가 취한 행동의 의미를 새롭게 이해할 수 있다.

> "아직도 거리가 먼데 아버지가 그를 보고 측은히 여겨 달려가 목을 안고 입을 맞추니"(눅 15:20).

아버지는 아들이 집을 나간 날부터 하루도 빠지지 않고 아들을 기다렸다. 혹시라도 마을 사람들이 먼저 아들을 발견하기라도 한다면 아들은 위에 언급한 수치와 모욕을 감당해야 한다. 자칫 목숨을 잃을 수도 있다. 아버지는 아들의 귀향을 바라며 동네 어귀를 살피는 게 하루 중 중요한 일과였다. 아버지는 분명 자기 소유지에서 가장 높은 지점, 즉 포도원의 망대나 집의 지붕 위에 올라가서 아들을 기다렸을 것이다.

그러던 어느 날 저 지평선 너머 끝자락에서 하나의 점이 나타나더니 점점 윤곽이 커지기 시작했다. 아버지는 그 사람이 자기 아들인 것을 직감적으로 알 수 있었다. 아직 거리가 먼데도 아버지가 아들을 알아본 것을 볼 때 그 시간은 아마도 한낮이었을 것이다. 땅거미가 내리는 어두침침한 시간에는 제아무리 시력이 좋은 아버지라도 아들을 분간하기 힘들 것이다.

그 시간이 한낮이라면 성문 어귀와 마을 한복판에는 많은 사람들이 북적댔을 것이다. 그렇다면 시락서에서 언급한 두려운 일들이 아들에게 일어날 수 있는 확률이 높다.

측은히 여겨 달려가

아들이 돌아오는 것을 직감직으로 일아챈 아버지는 그 아들이 마을에 당도하기 전에 그를 가장 먼저 맞이하기를 원했다. 그것은 탕자로 낙인찍힌 아들이 아버지와 화해하지 않은 채로 마을 입구에 들어설 경우 마을 사람들로부터 당하게 될 온갖 조롱과 욕설, 심하면 폭행으로부터 아들을 보호하기 위함이었다. 아버지는 아들 대신에 자신이 그러한 창피와 모욕, 욕설을 기꺼이 당할 참이었다.

아들을 발견한 아버지는 갑자기 '비 오는 날에 먼지가 나도록' 달리기 시작했다. 그리고 그 뒤를 쫓아 영문도 모르는 하인들이 주인을 따라 뛰기 시작했다. 아버지의 행동을 보고 당시의 문화적 관점에서 놓치지 말아야 할 중요한 포인트가 있다. 나이가 지긋한 아버지가 아들을 향해 뛰어갔다는 사실이다.

시락서에는 아버지의 뛰는 행동에 담긴 의미를 엿보게 해주는 중요한 구절

열린다 비유
돌아온 탕자 이야기

이 나온다.

"복장과 웃음소리 그리고 걸음걸이, 이 세 가지를 통해 그 사람의 인격
을 파악할 수 있다"(sirach 19:30).

여기서 잠언 말씀도 함께 언급하면 좋을 듯하다.

"지식 없는 소원은 선하지 못하고 발이 급한 사람은 잘못 가느니라"(잠 19:2).

그리스 철학자인 아리스토텔레스의 글도 함께 언급해 보자.

"고귀한 영혼을 가진 자의 특징은 세 가지다. 그것은 의젓하고 느릿한 걸음걸이, 묵직한 목소리 그리고 사려 깊은 언변이다"(Nichomachean Ethics 4.3.34).

현대에도 그렇지만 고대 사회에서 달리는 행위는 어린 꼬마들이나 하인들에게나 어울리지 다 큰 어른이 그러면 놀림 받을 일이었다. 더구나 탕자의 아버지는 많은 하인을 거느린 재력가였다. 보통 사람보다 더 느릿느릿한 걸음걸이로 격조 있게 행동해야 했다.

당시에 잘 뛰지 않는 또 다른 이유는 이들이 입는 의복 구조에서 비롯되었다. 위아래가 통으로 연결된 옷은 뛰기에 지극히 불편하고 자칫하다간 넘어지기 십상이다. 탕자의 아버지처럼 고귀한 사람이 백주대낮에 마을 한복판을 달리는 모습은 당시의 문화에서 좀처럼 보기 힘든 광경이었다. 아들을 향해 달려가는 아버지의 모습은 당시로선 수치스럽고 예의가 없는 행동이었던 것이다.

탕자의 아버지는 아들을 발견한 후에 하인이나 전령을 대신 보내지 않았다. 아들을 보자마자 거의 무의식적으로 달리기 시작한 것이다. 헬라어 단어

는 이 부분에서 '트레코'(τρέχω)를 쓰고 있는데, 이것은 그냥 달리는 게 아니라 경기장에서 달음질할 때 사용되는 특수한 단어다.

> "운동장에서 달음질하는 자들이 다 달릴지라도 오직 상을 받는 사람은 한 사람인 줄을 너희가 알지 못하느냐 너희도 상을 받도록 이와 같이 달음질하라"(고전 9:24).

> "계시를 따라 올라가 내가 이방 가운데서 전파하는 복음을 그들에게 제시하되 유력한 자들에게 사사로이 한 것은 내가 달음질하는 것이나 달

음질한 것이 헛되지 않게 하려 함이라"(갈 2:2).

탕자의 아버지는 단지 발걸음을 재촉하는 수준이 아니었다. 마치 선수권 대회에 참가한 단거리 선수처럼 전력질주를 한 것이다. 치렁치렁한 옷자락을 걷어붙이고 용수철 튕겨 나가듯이 뛰고 있는 탕자의 아버지가 머릿속에 그려지는가?

성서시대의 문화적 정취가 많이 남아 있는 현대의 중동에서도 고결하고 존경을 한 몸에 받는 어른이 동네 한복판을 가로질러 달려가는 이미지는 쉽게 상상이 되지 않는다. 이로 인해 아랍의 성경 번역가들은 이 구절을 있는 그대로 직역하는 것을 꺼려했다. 대신 '아버지는 서둘러서 나갔다' 내지는 '아버지가 출두했다'와 같이 완곡한 표현을 사용했다. 왜냐하면 이 비유에서 탕자의 아버지는 하나님을 의미하는데, 사람들 앞에서 달리는 수치스런 아버지를 도저히 하나님과 연결시킬 수 없었던 것이다.

예수님은 아들을 향해 쏜살같이 달려간 아버지의 동기를 이렇게 묘사하고 있다.

"아버지가 그를 보고 측은히 여겨"(눅 15:20).

우리말 성경에 '측은히 여겼다'로 번역된 헬라어 단어는 '스플랑크니조마이'(σπλαγχνίζομαι)인데, 이것은 굉장히 강한 어조를 지닌 단어다. '창자에서부터' 느껴지는 애틋함과 간절함이 풍기는 단어다. 현대적 개념으로 본다면 본

열린다 비유
돌아온 탕자 이야기

능적인 모성애(또는 부성애)와 같은데, 아버지는 거지처럼 누더기를 걸치고 나타
난 아들을 보자마자 위장과 창자를 쥐어짜는 듯한 본능적인 감정을 느낀 것
이다. 그것이 바로 아버지가 모든 체면과 사회적 위신을 까맣게 잊고 옷자락
을 잡고 정신없이 뛰게 만든 이유였다.

목을 안고 입을 맞추니

이어지는 아버지의 행동은 '아들의 목을 안고 입을 맞추었다'는 것이다. 헬
라어 본문은 아들을 발견하자 아버지가 했던 행동들을 '그리고'로 연결되는
일련의 동사들을 사용해 표현하고 있다.

아버지는 그를 보았다.
그리고 자비심이 일어났다.
그리고 달려가 그의 목을 끌어안았다.
그리고 그에게 입을 맞추었다.

아버지의 행동은 마치 음악의 리듬에서 스타카토처럼 제시되고 있다. 마치
둥, 둥, 둥, 둥… 점차 강하게 울리는 북소리처럼. '돌아온 탕자의 비유'를 가
지고 드라마를 만든다면 담당 피디는 이 장면에 깔리는 배경음악을 선정할
때 가장 신경을 곤두세울 것이다.

비유를 듣는 청중뿐 아니라 현대의 성경 독자들도 충분히 예상할 수 있듯이 탕자의 몰골은 그야말로 가관이었다. 인적이 드문 한적한 들판에서 돼지와 함께 뒹굴던 탕자는 입던 그대로 일어나 아버지 집으로 향했다. 도중에 적지 않은 사람들과 부딪쳤을 테고 그 사람들은 탕자의 몸에서 풍겨 나오는 도저히 형용할 수 없는 악취로 인해 코를 막아야 했을 것이다. 이 냄새를 굳이 형용한다면 상당 기간 집을 떠나온 노숙자에게서 나는 냄새라고나 할까?

정신없이 뛰어온 아버지는 아들을 보자마자 껴안고 아들의 목에 얼굴을 파묻었다. 나이가 들어서 아버지의 후각이 둔해진 것이 아니다. 아들을 보자마자 도저히 억제할 수 없는 아버지의 사랑이 아들에게서 나는 모든 악취를 흥건히 덮어 버린 것이다.

아버지의 행동은 여기서 한 단계 너 나아갔다. 아버지는 아들의 입에 입을 맞추었다. 여기서 사용된 헬라어 동사는 '카타휠레오'(καταφιλέω)인데 이것은 단순한 입맞춤이 아니다. 이것은 '입을 맞추고 또 입을 맞추었다', 즉 반복해서 쉬지 않고 입을 맞추었다는 뜻이다. 동일한 동사가 향유를 예수님의 발에 붓고 입을 맞춘 여인의 행동을 묘사할 때도 사용되고 있다. 저자 누가는 바리새인 시몬의 입맞춤과 여인의 입맞춤을 다른 동사를 써서 묘사하고 있다.

"너는 내게 입맞추지 아니하였으되 그는 내가 들어올 때로부터 내 발에 입맞추기를 그치지 아니하였으며"(눅 7:45).

바리새인 시몬의 입맞춤에서는 단순한 형제애를 표현하는 간단하고 의례적인 입맞춤에 사용되는 '휠레마'(φίλημα)가 사용된 반면, 향유를 부은 여인과 탕자의 아버지의 경우에는 '카타휠레오'(καταφιλέω)가 사용된 것이다.

말을 중간에 가로채다

아들을 보자마자 아버지가 한 일련의 행동들은 아들도 정신을 차리지 못한 사이에 순식간에 일어났다. 탕자가 단 한마디의 말도 꺼내기 전에 아버지는 이미 아들을 용서했음을 온몸으로 보여 준 것이다. 탕자는 간신히 정신을 추스르고 아버지를 만나면 고백하려고 수없이 되뇌던 회개문을 읊기 시작했다.

> "아들이 이르되 아버지 내가 하늘과 아버지께 죄를 지었사오니 지금부터는 아버지의 아들이라 일컬음을 감당하지 못하겠나이다 하나"(눅 15:21).

그러나 여기까지가 전부였다. 탕자가 회개문을 읊조리고 있는데 아버지는 갑자기 탕자의 입을 막았다. 그리고 뒤쫓아 온 하인들에게 아들의 귀향을 알리고 즐거워하는 성대한 연회를 열 것을 명령했다. 탕자는 수없이 연습하던 회개문 중에서 아직 '자신을 고용된 품꾼들 가운데 하나로 써달라는 부분', 즉 자신의 회개에 있어서 진정성을 보여 주는 핵심에는 미처 도달하지도 못한 상태였다. 겨우 첫 번째 문장을 마치려 했을 때 아버지는 아들의 말을 가로챘고, 이내 아들의 귀향을 기뻐하는 잔치 준비에 돌입한 것이다. 말을 중간에 끊는 아버지의 모습은 이후부터 전개되는 모든 상황에서 그 주도권이 아버지에게 있음을 잘 보여 준다.

아버지의 가슴에 못을 박고 떠난 탕자 아들, 그런데 그런 아들이 어느 날 갑자기 돌아왔다! 아버지는 아들의 귀향에 담긴 의미를 이미 충분히 깨닫고 있었다. 아울러 아들의 처참한 몰골을 보고서 아들이 집을 떠난 후에 겪었을 온갖 고생들과 죄로 인한 처참한 결과들도 충분히 짐작하고 있었다. 아들의 모습을 본 아버지는 가슴이 미어졌고, 아들이 회개문을 읊조리는 것마저 듣기 힘들었을 것이다.

아버지의 이런 행동은 비유를 듣는 청중을 놀라게 했다. 누구보다 놀란 사람은 탕자 자신이었다. 이것은 분명 탕자를 망연자실케 할 만큼 관대한 은혜였고, 착한 일이라곤 한 번도 해본 적 없던 아들이 감당하기에는 너무나도 과분한 은혜였던 것이다.

서프라이즈하고 어메이징한 아버지

탕자의 귀환을 맞이하는 아버지의 모습은 바리새인을 포함해 모든 청중이 기대하지 않던 방식이었다. 아버지는 이 탕자 아들에게서 나타난 회개의 자그마한 사인만을 보고서 '즉각적이고도 무조건적인' 용서를 해버린 것이다. 도대체 이 아버지는 어느 문화에서 살고 있는 사람인가? 아버지는 정말 이상한 나라에서 온 앨리스나 외계에서 날아온 ET라도 된단 말인가?

탕자 아들을 향해 쏜살같이 달려가는 아버지의 모습은 현대의 성경 독자들에게 가장 진한 감동과 카타르시스를 안겨 주는 부분일 것이다. 하지만 이 부분이 비유를 듣던 1세기 유대인 청중에게 주는 이미지는 그다지 산뜻하지 못했다. 아버지의 행동은 어느 것 하나 만족할 만한 것이 없었다. 품위도 없고 부끄럽고 더 나아가 풍속을 어지럽히는 행동이었다.

비유 속에 등장하는 아버지는 분명 1세기 이스라엘 사회의 문화적 현미경으로 본다면 도저히 이해할 수 없는 캐릭터였다. 이 아버지는 한마디로 '신기하고 얼떨떨하고 어메이징'한 아버지였다. 청중은 이 아버지가 여전히 바보요, 최소한의 명예심도 없는 사람이라고 확신했을 것이다.

이 아버지는 도대체 무슨 생각으로 이런 얼토당토않는 행동을 한 것일까? 그리고 스토리텔러이신 예수님은 무슨 의도를 가지고 아버지의 캐릭터를 이렇게 묘사하고 있는 것일까?

이 질문들에 대한 해답을 찾기 전에 우리는 예수님의 비유들 중 상당수가 '하나님 나라'를 묘사하고 있음을 다시금 기억해야 한다. 예수님의 비유는 현세를 살아가는 인간들의 언어, 이미지, 캐릭터 등을 빌려서 천상의 세계를 묘사하고 있다. 하늘의 통치자이신 하나님, 인생들을 구원하러 오신 메시아의 사역, 하늘나라의 시민들이 갖추어야 할 에티켓과 제자도, 이런 것들이 예수님의 비유가 다루고 있는 중요한 주제들이다. 이런 점에서 '돌아온 탕자의 비유'도 예외가 될 수 없다.

비유 속에 등장하는 아버지는 처음부터 끝까지 1세기 유대인 청중의 문화적 잣대로는 도저히 이해할 수 없는 돈키호테였다. '도대체 이런 아버지가 세상에 존재할 수 있을까?' 하는 의구심이 들 정도로 아버지의 행동은 1세기 유대인 청중의 이해의 한계를 뛰어넘고 있었다.

탕자 아들의 귀환을 맞이하는 아버지의 방식은 당시 문화에 속한 사람들이 아들을 향해 쏟아부을 수 있는 온갖 조롱, 비아냥, 욕설, 심지어 폭행까지도 아버지인 자신에게로 돌려놓는 것을 목적으로 하고 있다. 아버지는 아들을 가장 먼저 발견했다. 그러고는 무릎 위까지 옷자락을 걷어붙이고 마치 단거리를 달리는 선수처럼 전속력으로 뛰었다. 마을 사람들이 아들을 해코지하기 전에 아들을 가장 먼저 낚아채기 위함이었다.

거지꼴을 하고 나타난 아들에게 아버지가 보여 준 행동, 즉 아들을 얼싸안고 거듭 입맞춤을 해대는 것은 아버지가 아들을 용서했음을 확실하게 보여 주는 행위다. 물론 이런 행동들을 통해 비난과 조롱의 화살이 자신에게로 향한다고 해도 말이다. 아버지가 아들에게 보여 준, 약간은 지나치다 싶을 정도의 행동들은 아버지가 아들을 완전히 용서했음을 온 마을 사람들에게 보여 주려는 사려 깊은 제스처였다.

그러나 여기서 한 가지 분명하게 기억해야 할 사실이 있다. 아버지는 과거의 일을 까마득히 잊고 마치 아무 일도 없었다는 듯이 탕자 아들을 무턱대고 받아들인 것이 아니다. 탕자 아들이 저지른 이전의 죄악들에 대해서는 반드시 누군가 책임을 져야 한다. 그런데 아버지는 여기서 아들이 감당해야 할 책임과 수치를 자신에게로 돌리고 있는 것이다.

아버지는 아들을 위해서 명예와 체면, 자존심을 모두 버렸고, 아버지로서 행사할 수 있는 최소한의 권한마저 포기했다. 명예를 목숨보다 더 소중히 여기던 당시의 문화에서 아버지의 이런 행동은 가히 충격적이고 파격적이라 할 만하다. 이러한 아버지의 모습은 정확하게 예수님이 행하실(물론 현대의 성경 독자들인 우리에게는 예수님이 이미 행하신) 십자가의 구속 사역에 대한 완벽한 예표가 된다.

> "믿음의 주요 또 온전하게 하시는 이인 예수를 바라보자 그는 그 앞에 있는 기쁨을 위하여 십자가를 참으사 부끄러움을 개의치 아니하시더니 하나님 보좌 우편에 앉으셨느니라"(히 12:2).

예수님은 십자가에 달리심으로 죄인들이 감당해야 할 모든 수치와 모욕을 대신 짊어지셨다. 십자가에 달리신 예수님을 보면서 현대의 성경 독자들은 '육체적인' 고통과 아픔을 먼저 떠올리지만, 1세기 유대인들은 '심리적인' 수치심과 모욕감을 먼저 떠올릴 것이다. 우리는 예수님의 십자가를 보면서 단순한 '고통'을 넘어서 '수치'라고 하는 문화적 코드를 읽을 수 있어야 한다. 십자가는 단순한 육체적 고통의 차원을 넘어서 나무에 높이 달려 뭇 사람에게 조롱과 비방의 표적이 되는 지극히 수치스런 징벌이다. 예수님의 십자가를 보면서 우리가 일차적으로 느껴야 하는 감정은 '얼마나 아프실까'가 아니라 '얼마나 부끄러우실까' 하는 것이어야 한다. 명예를 위해 자신의 목숨마저 초개처럼 버리던 당시의 문화에서 십자가는 그런 의미에서 한 개인에게 가할 수 있는 최고의 형벌인 것이다.

아버지는 왜 살진 송아지를 잡는 성대한 잔치를 배설했을까?

신발, 제일 좋은 옷, 반지 그리고 살진 송아지가 주는 의미

아버지가 이렇게 온 마을 사람들을 대상으로 성대한 잔치를 배설한 데는 특별한 목적이 있었다. 그것은 온 마을 사람들에게 아들의 귀향을 알리고 아들에 대한 자신의 완벽한 용서를 알리기 위함이었다. 아울러 아들과 마을 공동체의 관계 회복과 화해를 위한 자리로서 마련된 것이다.

'돌아온 탕자의 비유'에 등장하는 아버지는 현실의 세계에서는 도저히 존재하기 힘든 사람처럼 보인다. 흔히 인생들을 향한 하나님의 사랑은 자식을 향한 부모의 사랑과 비교되곤 한다. 하지만 그것은 어디까지나 인간의 언어와 상상의 세계 안에서 찾아낼 수 있는 최선의 예일 뿐이다. 하나님의 사랑은 부모의 그것을 훨씬 초월한다.

당시의 문화가 요구하는 아버지의 이미지를 이해할 때 '돌아온 탕자의 비유'에 등장하는 아버지는 도저히 이해가 불가능하다. 그것은 예수님께서 인간의 언어와 상상의 세계를 빌려서 천상의 이야기를 시도하고 계시기 때문이다. 도저히 이해할 수 없는 아버지의 행동은 이번 장에서도 계속된다. 이로써 비유를 통해 예수님이 소개하고 싶었던 천상의 스토리는 그 정점을 향해 나아간다.

달려가는 주인, 그리고 영문도 모른 채 뒤따라 달리는 하인들

집 나간 탕자와 그런 아들을 애타게 기다리던 아버지가 만나는 장면은 마치 남북 이산가족이 상봉하는 장면과도 흡사하다. 수년 전에 남북 이산가족 상봉 장면이 공중파를 통해 생방송되면서 한반도의 남쪽을 온통 눈물바다로 적신 적이 있다. 물론 북쪽에서도 이 방송이 전파를 탔다면 그쪽도 그랬겠지만….

이산가족들이 꿈에도 그리던 가족을 만나자마자 감정에 북받쳐 울음을 터뜨리고 심지어 오열을 하고 대성통곡하는 장면은 실로 '눈물 없이는 볼 수 없는 휴먼 드라마'다. 거기에 애잔한 음악까지 배경으로 깔리면 인간 내면의 깊은 곳을 자극해 시청자들까지 대성통곡하게 만든다.

아들을 알아보자마자 전속력으로 질주해 얼싸안고 입을 맞추고 눈물범벅이 되어 기뻐하는 아버지의 모습은 '이산가족의 상봉'을 보는 것처럼 현대 성경 독자들의 심금을 울린다. 하지만 예수님의 비유가 '이산가족 상봉 드라마'와 다른 것은 상봉 이후의 장면 또한 파격적이고 충격적이라는 데 있다.

아버지는 거지꼴로 돌아온 탕자가 다시 아들로서 살 권리를 회복하도록 순차적으로 조치들을 취한다. 그것도 아무런 주저함이나 망설임도 없어 보인다.

> "아버지는 종들에게 이르되 제일 좋은 옷을 내어다가 입히고 손에 가락지를 끼우고 발에 신을 신기라"(눅 15:22).

이 부분에서 우리가 주목해야 할 점이 있다. 바로 여기에 아버지와 탕자 이외의 인물이 등장한다는 점이다. 하인들이다. 비유의 스토리를 유심히 따라가지 못하면 이 부분에서 하인들이 등장하는 것을 대수롭지 않게 여기며 놓치기 쉽다. 하인들은 분명 집 안에 있어야 한다. 그런데 아들의 지위를 복권시키는 아버지의 명령은 집 안에서 내려진 것이 아니다.

그러면 이 상황은 어떻게 된 것인가? 당시 상황으로 돌아가 이를 재구성해 보면 이렇다. 아들이 집을 나선 후 하루도 빠짐없이 아들을 기다리던 아버지! 아버지는 그날도 포도원의 망대나 가옥의 지붕 위에 올라가 먼발치에서나마 아들이 돌아오기만을 애타게 기다리고 있었다. 저 지평선 너머에 한 점이 인기척처럼 움직이자 아버지는 그가 곧 아들임을 알아보고 반사적으로 뛰기 시작했다.

이 아버지의 뒤로는 자기 주인을 좇기 위해 여러 명의 하인들이 꼬리에 꼬리를 물고 함께 줄달음치고 있었을 것이다. 물론 주인이 어디로 달려가는지 그리고 왜 그렇게 열심히 달리는지는 알 길이 없다.

하인들이 볼 때 주인의 이런 행동은 분명 평소답지 않았고, 그렇다면 무슨 특별한 일이 있을 거라고 생각했을 것이다. 물론 평소 주인과 긴밀한 관계에 있던 하인이라면 그동안 주인의 마음을 사로잡고 있는 것이 무엇인지 알았을 테고, 그 순간 탕자가 돌아왔음을 눈치 챘을 것이다.

속히: 지체할 수 없는 최우선적인 명령들

집 나간 아들을 향한 주인의 애타는 심정을 곁에서 지켜봐 온 하인들은 주인과 탕자의 눈물 없이는 볼 수 없는 상봉 드라마를 가장 가까이에서 지켜본 청중이었다. 어느 정도 감정을 추스른 주인은 정신없이 뒤따라오느라 연신 거친 숨을 헐떡거리고 있던 하인들에게 다음과 같은 명령들을 하달한다.

아버지가 하인들에게 내린 명령은 크게 네 가지로 나뉜다.

1. 제일 좋은 옷을 입혀라.

2. 손에 가락지를 끼워라.

3. 발에 신을 신겨라.

4. 살진 송아지를 잡아 큰 연회를 열어라.

우리말 성경에는 생략되어 있지만 헬라어 원문에는 아버지의 명령들이 다음과 같은 '부사'를 앞세워 하달된 것을 보여 준다.

'속히'(타퀴스, ταχύς).

아버지는 자신의 명령이 조금도 지체되는 것을 원치 않았다. 아들을 만난 이 순간, 아버지는 자신의 이러한 명령들이야말로 하나도 빠짐없이 가장 긴급하고도 최우선적으로 실행되어야 함을 느꼈다. 심지어 밭에서 일하고 있던

열린다 비유
돌아온 탕자 이야기

맏아들을 불러 올 겨를도 없었다. 이러쿵저러쿵 시시비비를 논할 수 있는 동네 사람들의 간섭이 비집고 들어올 틈을 주어서도 안 되었다. 그러다가는 자칫 여론에 휘둘릴 위험이 있고 그렇게 되면 아들의 목숨이 위험해질 수도 있었다.

지평선 너머 작은 점으로 나타난 아들을 향해 달려가 목을 감싸 안고 포옹을 하고 하염없는 입맞춤을 한 아버지는 이미 자신의 '제스처'로 아들을 향한 완전한 용서와 사랑을 보여 주었다. 그러나 아버지는 이 정도로 끝내서는 아들의 온전한 회복이 이루어지지 못할 것임을 잘 알았다. 아버지는 아들을 받아 주기로 한 자신의 용서와 사랑을 구체적인 환영 행사로 확인시켜 주길 원했다. 그것도 단순한 집안 행사가 아닌, 온 마을 공동체를 대상으로 한 성대한 환영 행사를 열기로 한 것이다.

자신과 마을 공동체에게 도저히 씻을 수 없는 모욕과 불명예를 안기고 떠나간 아들이 아니던가? 하지만 이런 탕자 아들의 귀향을 맞는 아버지는 마치 아들이 대단한 성공을 거두고 금의환향이라도 한 것처럼 아들을 맞이하고 있다. 언뜻 자신의 마을을 찾은 고위 특권층의 방문을 맞는 것처럼 보이기도 한다.

'탕자'는 이 비유에 나오는 둘째 아들 때문에 생겨난 말이다. 탕자를 가리키는 형용사인 '방탕한'(prodigal)이라는 단어도 여기에서 생긴 말이다. '방탕한 사람'은 자신의 재산을 물 쓰듯 흥청망청 써대는 사람을 가리킨다. 그런데 방탕한 아들의 귀향을 맞기 위해 아버지가 하인들에게 명령한 환영 행사는 우습게도 '방탕한'(?) 아버지의 모습을 떠올리게 한다.

스토리의 전반부에서 '방탕한' 아들이 있었다면 후반부에서는 '방탕한' 아버지가 대구를 이루며 등장한다. 하지만 아버지와 아들 사이에 분명하게 다른 한 가지는 그 방탕함의 목적에 있다. 아들의 방탕함이 환락과 탐닉을 위한 것이었다면, 아버지의 방탕함은 아들의 귀향을 맞는 기쁨과 축제를 위한 것이었다.

기쁨과 감격 가운데 명령을 내리고 있는 아버지를 제외하고, 이 광경을 지켜보는 사람 중에는 어느 누구도 눈이 휘둥그레지지 않는 사람이 없었다. 그 중에서도 가장 놀란 사람은 탕자 자신이었다. 탕자는 눈물이 핑 돌고 머릿속은 멍해지고 감당할 수 없는 아버지의 사랑에 흠뻑 젖고 있었다. 그야말로 '폭풍 감동'과 '폭풍 눈물'의 순간이었다.

아들의 신분을 완전히 회복시키다

예수님은 회개하고 돌아온 아들에게 아버지가 건네 준 세 가지 선물에 대해 말씀하고 있다. 제일 좋은 옷과 반지 그리고 신발이다. 현대의 성경 독자들은 이 선물들이 그저 꾀죄죄한 아들을 깨끗하고 품위 있게 단장해 준 소품이나 액세서리 정도로 이해하겠지만, 비유를 듣고 있던 1세기 유대인 청중은 각각의 선물들이 갖고 있는 강력한 의미들을 확실하게 이해하고 있었다. 아버지가 탕자에게 건네 준 선물들을 명령의 순서가 아니라 그것이 상징하는 의미가 작은 것부터 점차 커지는 방향으로 언급해 보자.

> "아버지는 종들에게 이르되 제일 좋은 옷을 내어다가 입히고 손에 가락지를 끼우고 발에 신을 신기라"(눅 15:22).

신발: 아들이라는 신분의 회복

신발은 세 가지 선물 가운데 가장 허접해 보이지만 그것이 상징하는 의미는 결코 작지 않다. 거지꼴로 돌아온 탕자에게 신발을 신겨 준 아버지를 현대의 성경 독자들은 나이키나 아디다스 운동화와 같은 명품 스포츠화를 하나 사 준 것쯤으로 생각할 수도 있다. 하지만 '신발을 신긴다'는 것은 1세기 유대 문화적 개념에서 특별한 의미가 있다. 이것은 곧 탕자를 다시 아들로 받아 준다는 공식적인 의식이었다.

하루하루 날품팔이로 일하는 품꾼들이나 집 안에서 일하는 하인들은 신발 없이 그저 맨발로 다니는 것이 관례였다. 오로지 주인과 그 아들들, 즉 자유인만이 신발을 신고 다녔다. 그러므로 아들에게 신발을 신긴다는 것은 집 나간 아들의 신분이 이전에 누리던 아들의 신분으로 완전히 복귀되었다는 강력한 표시였다.

탈무드에도 신발을 신는 것과 관련해 강력한 이미지를 엿볼 수 있는 구절이 등장한다. 이 스토리는 당시 견원지간이던 사두개인과 바리새인 랍비 간에 벌어진 일화를 배경으로 한다.

사두개인이 랍비 여호수아가 신발을 신지 않은 것을 보고 이렇게 말했다.

> "발에 난 사람은 왕이고, 나귀에 탄 사람은 자유인이고, 발에 신발을 신은 사람은 인간이다. 이런 것들이 없는 사람은 차라리 죽어서 땅에 묻히는 편이 낫다"(b. Sabbat 152a).

탕자는 아버지 집으로 돌아가기로 결심했을 때 아버지가 자신을 그저 품꾼의 하나로라도 받아 주면 감지덕지라고 생각하면서 무거운 걸음을 옮겼다. 하지만 아들을 맞이하는 아버지의 방식은 탕자도 상상하지 못할 만큼 파격적이었다.

탕자에게 신발을 신긴 아버지를 보고 비유를 듣던 청중은 의구심이 가득한 눈초리로 이렇게 혼잣말을 하지 않았을까 싶다.

'아니, 검증을 위한 최소한의 시험 기간은 거쳐야 하지 않는가? 아들로서 지위를 복권시키는 것이 뭐가 그리 급한가? 적어도 탕자의 회개가 얼마나 진지한지 그 진정성을 검증할 시간도 없이 즉각 복권시키는 것은 너무 성급하고 무리한 조치가 아닌가?'

물론 청중의 이런 생각은 전혀 이상할 게 없다. '돌다리도 두드리고 건넌다'는 말처럼 매사에 신중한 게 좋지 않은가? 게다가 '자상하고 인자한 아버지'의 코드로 접근했다가 탕자에게 호되게 당한 과거의 전력이 있지 않은가? 이번만큼은 '엄격하고 신중한 아버지'의 코드로 접근하는 것이 아들의 장래를 위해서나 가정의 평화를 위해서도 더 지혜로운 전략이 아닐까?

하지만 아버지가 아들의 진정성을 검증했다든지 아들로서의 신분을 복귀하는 데 중요한 몇 가지 특권을 임시로 보류했다든지 하는 암시는 그 어디서도 찾아볼 수 없다. 아버지는 아들의 지위와 특권을 즉각적이고도 완전하게 복원시킨 것이다.

제일 좋은 옷: 더 높은 명예

탕자에게 신발을 신긴 것이 아들로서의 지위와 특권을 복원시킨 것이라면 탕자에게 제일 좋은 옷을 입힌다는 것은 더 나아가 높은 명예를 부여했음을 의미한다. 아버지가 하인에게 명령한 '제일 좋은 옷'은 아마도 아버지의 옷일 것이다. 이 옷은 아버지와 같은 부유한 귀족들이 옷장 속에 잘 간직해 둔 최고급 옷일 것이다.

물론 이런 옷은 평상시에 자주 입는 옷이 아니라 최고의 연회에 참석할 때만 입는 고급 예복이었다. 현대적 개념으로 본다면 값비싼 턱시도쯤 되지 않을까 싶다. 공식적인 연회에 초청받았을 때 이런 예복을 미처 준비해 두지 않았다면 새로 구입하거나 급히 남에게 빌려야 했다. 마태복음 22장에 나오는 혼인 잔치 비유에는 이런 예복에 대한 이미지를 보여 주는 말씀이 등장한다.

> "임금이 손님들을 보러 들어올새 거기서 예복을 입지 않은 한 사람을 보고 이르되 친구여 어찌하여 예복을 입지 않고 여기 들어왔느냐 하니 그가 아무 말도 못하거늘 임금이 사환들에게 말하되 그 손발을 묶어 바깥 어두운 데에 내던지라 거기서 슬피 울며 이를 갈게 되리라 하니라"(마 22:11-13).

비유를 듣던 청중은 돼지치기로 온몸이 때에 전 아들의 몸을 깨끗이 씻기도 전에 제일 좋은 옷을 입히려는 아버지의 행동을 무척 의아하게 생각했을 것이다. 아버지는 아들이 걸치고 있던 누더기 옷을 할 수만 있으면 **빨리** 가리고 싶었다. 동네 사람들에게 초라한 몰골을 보이고 싶지 않았기 때문이다. 아버지는 자신의 가장 좋은 옷으로 탕자를 가려 줌으로써 동네 한복판을 지나며 당할 아들의 수치를 최소화했다.

아울러 이 명령은 사람들이 앞으로 아들을 어떻게 대해야 하는지를 공표하는 상징적인 의식이었다. 곧 아버지는 아들로서 갖는 일반적이고 평범한 명예가 아니라 더 크고 존귀한 명예를 아들에게 부여하고 있는 것이다.

열린다 비유
돌아온 탕자 이야기

비유 연구가인 예레미야스는 아들에게 제일 좋은 옷을 입힌 아버지의 행동을 구속사적으로 의미를 확장해서 설명하고 있다. 즉 이것은 하나님이 죄인들에게 입혀 주시는 칭의와 용서의 옷이라는 것이다.

> "내가 여호와로 말미암아 크게 기뻐하며 내 영혼이 나의 하나님으로 말미암아 즐거워하리니 이는 그가 구원의 옷을 내게 입히시며 공의의 겉옷을 내게 더하심이 신랑이 사모를 쓰며 신부가 자기 보석으로 단장함 같게 하셨음이라"(사 61:10).

죄인들이 거룩하신 하나님 앞에 나아오려 할 때 가장 걸리는 문제가 있다. 그것은 나같이 지저분한 죄인도 과연 하나님이 받아 주실까 하는 자책감이다. 이럴 때 죄인들은 자신의 더러운 죄를 어느 정도 씻은 후에 하나님께 돌아가겠다며 시간을 지체한다. 하지만 이것은 참으로 어리석은 생각이다. 죄인들은 돼지치기를 하던 탕자가 그런 것처럼 더럽고 냄새나는 모습 그대로 돌이키기만 하면 된다. 그러면 하나님께서 탕자의 아버지처럼 영광스러운 구원의 옷, 칭의의 옷으로 우리의 모든 수치와 더러움을 가려 주실 것이다.

반지: 권위와 권력의 상징

돌아온 아들에게 준 아버지의 선물은 여기서 그치지 않는다. 아직 최고의 선물이 히든카드로 남아 있다. 그것은 아들의 손가락에 끼울 반지였다. 이

반지 역시 현대인들이 쉽게 생각하는 그런 반지가 아니다. 바로 가문의 문장이나 봉인이 새겨진 인장반지(signet ring)였다.

인장반지는 히브리어로 '타바아트'(טבעת)라고 하는데, 이것은 '가라앉는다, 담근다'를 의미하는 동사 '토베아'(טבע)를 어근으로 한다. 인장반지를 액체에 담근 후 문서에 찍기 때문에 파생된 듯하다.

어떤 문서 위에 인장반지를 찍는 것은 공식적이고 합법적인 문서가 되는 최종적인 절차를 의미했다. 인장반지를 굳이 비유하자면 인감도장쯤에 해당한다. 남에게 자신의 인감도장을 맡기는 것이 자신의 모든 법적인 권위와 권한을 위임하는 것을 의미하듯이 인장반지에도 그러한 의미가 있다.

아버지가 탕자에게 가문의 인장반지를 끼워 준 것은 이처럼 강력한 의미가 있다. 곧 단순히 아들의 지위를 복원시킨 것이 아니라, 어엿한 성인으로서 책임 있는 아들로 인정해 준 것이기 때문이다. 아들이 과거 탕자의 본성을 버리지 못했다면 아들은 이후에도 이 인장반지를 함부로 찍어대며 그나마 남아 있는 가족의 재산을 축낼 수도 있다. 아무리 부모 자식지간이라도 아들을 온전하게 신뢰하지 못하면 쉽게 할 수 있는 일이 아니었다. 성경에는 권위와 권력을 상징하는 인장반지의 예가 종종 등장한다.

"바로가 또 요셉에게 이르되 내가 너를 애굽 온 땅의 총리가 되게 하노라 하고 자기의 인장반지를 빼어 요셉의 손에 끼우고 그에게 세마포 옷을 입히고 금사슬을 목에 걸고"(창 41:41-42).

"왕이 반지를 손에서 빼어 유다인의 대적 곧 아각 사람 함므다다의 아들 하만에게 주며 이르되 그 은을 네게 주고 그 백성도 그리하노니 너의 소견에 좋을 대로 행하라 하더라"(에 3:10-11).

"왕이 하만에게서 거둔 반지를 빼어 모르드개에게 준지라 에스더가 모르드개에게 하만의 집을 관리하게 하니라"(에 8:2).

탕자에게 가문의 문장이 새겨진 인장반지를 끼워 줌으로써 이제 어느 누구도 아들의 지위를 놓고 왈가왈부할 수 있는 어떤 빌미도 원천적으로 차단되었다. 마치 우리가 하나님의 자녀가 된 것을 성령께서 인치심으로 인해 확증된 것과 같다.

"그 안에서 너희도 진리의 말씀 곧 너희의 구원의 복음을 듣고 그 안에서 또한 믿어 약속의 성령으로 인치심을 받았으니"(엡 1:13).

살진 송아지: 온 마을 사람들을 초청한 성대한 잔치

돌아온 탕자를 맞이하는 아버지의 환대는 여기서 끝나지 않는다. 대미를 장식할 마지막 피날레가 기다리고 있었다. 그것은 온 마을 사람들을 한데 모아 아들의 귀향을 기뻐하는 성대한 잔치를 연 것이다.

"그리고 살진 송아지를 끌어다가 잡으라 우리가 먹고 즐기자"(눅 15:23).

'살진 송아지'(fatted calf)는 이 잔치의 성격과 아버지의 재력을 잘 보여 주는 중요한 단어라 할 수 있다. 오늘날 시골 마을에서도 송아지 한 마리를 잡는 잔치는 일반적인 잔치가 아니다. 특히 1세기 이스라엘의 시골 마을에서 고기는 유월절과 같은 주요 명절에만 겨우 맛볼 수 있는 귀한 음식이었다. 더구나 살진 송아지는 아주 특별한 행사, 곧 맏아들의 결혼식이라든지 나라의 고위인사가 그 마을을 방문했을 때나 잡는 것으로 어찌 보면 일평생에 단 한 번뿐인 잔치를 위해서 충분히 살찌우고 준비된 것이다.

비유의 본문만으로는 아버지가 무엇을 위해서 집 안에 살진 송아지를 준비해 두었는지는 알 수가 없다. 하지만 아버지는 이 살진 송아지가 어떤 계획과 용도로 준비된 것이었든지 상관없이, 그것을 아들의 귀향을 즐거워하는 잔치를 위해 주저 없이 잡기로 결정했다.

케네스 베일리는 당시에 살진 송아지 한 마리로 최소 100명(*Poet and Peasant*, p. 187)에서 200명(*Finding the Lost*, p. 120, 155)이 먹을 수 있었다고 기록하고 있다.

양이나 염소와 같이 작은 동물이 아니라 이 같은 살진 송아지를 잡았다는 것은 잔치의 성격을 웅변적으로 보여 준다. 오늘날처럼 냉장고가 없던 시대에 한 번 요리한 고기는 당일에 다 먹어야 하고 그렇지 않으면 썩게 된다. 결국 살진 송아지를 잡은 이 잔치는 집안사람들만 모이는 조촐한 잔치가 아니라, 온 마을 사람들이 초청된 초대형 빅 이벤트였음을 알 수 있다.

아버지가 이렇게 온 마을 사람들을 대상으로 성대한 잔치를 배설한 데는 특별한 목적이 있었다. 그것은 온 마을 사람들에게 아들의 귀향을 알리고 아들에 대한 자신의 완벽한 용서를 알리기 위함이었다. 아울러 아들과 마을 공동체의 관계 회복과 화해를 위한 자리로서 마련된 것이다.

천국의 기쁨

탕자의 귀환으로 시작되는 비유의 후반부를 들으며 당시의 청중은 첫째도 충격, 둘째도 충격, 셋째도 충격에 휩싸였다. 무겁게 발걸음을 옮기던 탕자 자신도 예상치 못한 엄청난 환대에 놀랄 수밖에 없었다. 아들은 회개를 증명해야 하는 최소한의 기간도, 통과해야 할 육체적 시련도, 그리고 아무런 재적응의 과정도 필요치 않았다.

아버지에게로 돌이키는 순간 탕자에게는 단번에 모든 특권이 제한 없이 주어졌다. 심지어 인장도장까지. 인장도장만큼은 탕자가 집을 나서기 전에도 감히 누려 보지 못하던 특권이 아닌가!

'돌아온 탕자의 비유'에 묘사된 아버지는 언뜻 지나치게 과장되고 풍자된 인물로 보일 수 있다. 아버지의 행동은 당시의 보편적 세계관에서 볼 때 한참을 벗어났으며, '정의'란 관점에서 볼 때도 완전히 상충된 행동이었다. 왜냐하면 아버지는 이미 자식들에게 유산을 나누어 주었기 때문에 현재 남아 있는 모든 재산은 법적으로 맏아들의 것이었다. 특히 바리새인들의 율법적 사고를 통해 비친 아버지의 행동은 하나부터 열까지 괴상한 것투성이였다.

그러면 예수님은 언뜻 불합리하고 불공정해 보이는 아버지의 캐릭터를 통해 청중에게 무엇을 가르치시고자 했을까? 비유 속의 아버지는 '아낌없이 나눠 주시는 하나님'에 대한 그림을 제시하기 위해 의도적으로 설정된 가상의 캐릭터다. 지금도 그렇지만 당시에 청중이 살아가던 세상에서 이런 아버지는 찾아보기 힘들었을 것이다.

찬송가의 가사처럼 하나님의 자비는 '하늘을 두루마리 삼고 바다를 먹물 삼아도 다 기록할 수 없는' 형용할 수 없는 세계다. 하지만 예수님은 '비유'라는 인간의 언어를 사용해 지극히 풍성하신 하나님의 자비를 손에 잡힐 듯이 구체저으로 보여 주고 있다.

하나님은 죄인들을 마지못해서 용서하시는 분이 아니라, 죄인들을 용서해 주려는 열망이 주체할 수 없을 정도로 가득하신 분이다. 하나님은 죄인들이 회개의 자리로 나아오려고 마음먹는 순간 이미 용서해 주기로 작정하신다. 어디 그뿐인가? 죄인 된 우리를 의롭다 하시고 당신의 자녀로 삼아 주신다. 죄인들에게 주어진 하나님의 칭의는 완전하고도 즉각적이다. 칭의는 죄인들이 열심히 노력해서 얻어 내는 천상의 목표가 아니라 이미 이 땅에서 성취된

실체다.

비유 속에서 살진 송아지를 도살하는, 이 예사롭지 않은 잔치는 잃어버린 영혼이 돌아올 때 하늘에서 벌어지는 천국 잔치에 대한 완벽한 그림이다.

> "내가 너희에게 이르노니 이와 같이 죄인 한 사람이 회개하면 하늘에서는 회개할 것 없는 의인 아흔아홉으로 말미암아 기뻐하는 것보다 더하리라"(눅 15:7).

이 잔치는 아들의 선행 때문에 기획된 것이 아니다. 탕자는 은혜 받을 만한 아무런 일도 한 적이 없지만 회개하고 돌아온 것 그 자체를 기뻐하며 아버지가 주도권을 가지고 기획한 것이다. 이 잔치는 죽었던 아들이 살아 돌아온 것을 기뻐하는 구원의 잔치다.

> "이 내 아들은 죽었다가 다시 살아났으며 내가 잃었다가 다시 얻었노라 하니 그들이 즐거워하더라"(눅 15:24).

이런 기쁨은 전염성이 강해 잔치에 참석한 모든 사람의 기분을 북돋우고 원기를 회복시켜 준다.

> "그들이 즐거워하더라."

인간이 지을 수 있는 가장 사악한 죄는 바로 이 천국 잔치의 기쁨에 동참하기를 완강히 거부하고 밖에서 불평불만만 해대는 것이다. 하나님 앞에서 인간이 무엇이관대….

'돌아온 탕자의 비유'는 이렇게 구원의 기쁨을 노래하며 이제 해피엔딩으로 막을 내리려 하고 있다. 하지만 혹시나 하던 일이 잔치석상에서 일어났다. 그리고 비유의 스토리는 또 다른 충격적인 반전으로 흘러간다.

잔치가 한창 무르익어 모두가 기쁨에 들떠 있을 때 흥겨운 잔칫상에 찬물을 끼얹은 인물이 등장했으니 바로 큰아들이다. 그동안 사악한 본심을 애써 감추고 있던 첫째 아들이 급기야 무대 전면에 등장한 것이다.

첫째 아들은 동생의 귀향 소식에 왜 '폭풍 분노'를 보였을까?

첫째 아들, 불평하는 바리새인과 서기관들의 대역

첫째 아들은 마치 활화산이 마그마를 뿜어내듯 폭풍 분노를 보이고 있다.
'취중진담'이란 말이 있듯이 이성을 잃고 분노 중에 마구 뱉어 낸 그의 말들 속에는
첫째 아들의 진짜 성격, 즉 진면목을 보여 주는 단서들이 드러난다.
첫째 아들의 문제점은 과연 무엇일까?

'돌아온 탕자의 비유'로 불리는 스토리도 이제 그 마지막 무대만을 남겨 놓고 있다. 마지막 무대에서는 그동안 존재감을 드러내지 않던 첫째 아들이 주인공으로 등장한다. 둘째 아들, 아버지, 첫째 아들 순으로 차례로 스포트라이트를 비춘 비유의 스토리는 다시 같은 순서로 한 바퀴를 돈 후 이제 첫째 아들을 조명하기 시작한다.

금세기 최고의 영성 신학자인 유진 피터슨은 자신의 책 《비유로 말하라》에서 우리가 마지막으로 다루게 될 첫째 아들의 스토리를 독특하고 재미나게 해석하고 있다. 그의 해석의 독특성은 누가복음 15장 전체를 3개가 아닌 4개의 스토리로 분류한 데 있다. 누가복음 15장은 '잃은 양의 비유', '잃은 동전의 비유', '잃은 아들의 비유' 즉 3개의 스토리로 분류하는 것이 일반적이다.

하지만 유진 피터슨은 누가복음 15장을 '잃은 양의 비유'(15:4-7), '잃은 동전의 비유'(15:8-10), '잃은 아들의 비유'(15:11-24)로 나누고, 이 세 비유는 양, 동전, 아들로서 다루는 소재만 다를 뿐 동일한 주제를 갖는 하나의 스토리로 이해했다. 이와는 별도로 현저히 구별되는 네 번째 스토리가 있는데, 그것이 우리가 지금 다루게 될 첫째 아들의 스토리(15:25-32)라는 것이다.

유진 피터슨의 해석을 계속 인용해 보면, 앞선 세 개의 스토리는 비슷한 구조와 결말을 갖고 있다.

1. 뭔가를 잃어버리고
2. 그것을 열심히 찾으러 다니고
3. 마침내 그것을 찾고

4. 공동체가 함께 축하하고 즐거워한다.

그런 점에서 네 번째 스토리도 처음에는 비슷하게 전개된다고 할 수 있다. 잃고, 찾으러 다니고, 찾고… 그런데 특이한 것은 마무리가 없다는 것이다. 즉 '함께 축하하고 즐거워하는', 어떻게 보면 누가복음 15장 전체에서 가장 중요한 핵심 포인트가 쏙 빠져 있다.

유진 피터슨에 따르면, 첫째 아들의 스토리는 예수님이 앞선 세 개의 스토리를 통해 가르치시고자 한 핵심적인 메시지를 구현해 낼 비장의 히든카드였다. 나는 그의 독특하고 탁월한 해석에 무릎을 치며 동의한다.

이미 몇 차례 언급했듯이 누가복음 15장의 스토리들은 죄인들과 함께 식사하시는 예수님을 향해 바리새인과 서기관들이 불평을 늘어놓은 것을 계기로 시작되었다. 그렇다면 불평하는 바리새인과 서기관들에게 확실한 카운터펀치를 한 방 날리고 그들에게 명확한 교훈과 메시지를 던져 주고 비유를 마쳐야 하지 않겠는가?

그런 점에서 마지막으로 남은 첫째 아들의 스토리는 스토리텔링의 달인이신 예수님의 진면목을 유감없이 보여 준다고 하겠다. 뭔가를 잃어버리는 스토리가 하나씩 의미 없이 반복되는 듯 펼쳐진다. 그런데 가만히 살펴보니 그 초점이 점점 좁혀진다. 100개 중에 한 개로, 이것이 열 개 중의 한 개로, 다시 둘 중에 하나로. 그리고 마지막에는 덩그러니 하나만 남는다. 그리고 모든 사람의 시선은 그 마지막에 남은 '하나', 즉 첫째 아들에게 쏠린다.

첫째 아들은 과연 어떻게 되었을까? 잘못을 뉘우치고 못 이기는 척하고 잔

열린다 비유
돌아온 탕자 이야기

치에 기어들어왔을까, 아니면 여전히 어두운 바깥에서 분을 삼키지 못하고 혼자서 씩씩대고 있었을까? 꼬리에 꼬리를 무는 온갖 궁금증을 뒤로한 채 15장 전체는 '침묵'과 함께 막을 내린다. 그것이 예수님의 스토리텔링 기법이다. 때로는 무거운 침묵이 잡다한 장광설보다 더 강력한 메시지를 던지는 법이다.

침묵은 점차 긴장감으로 발전한다. 그러고는 한순간에 지진처럼 폭발한다. 그렇다. 바리새인과 서기관들은 그제야 모든 비유의 타깃이 자신들임을 깨달은 것이다.

"마지막으로 남은 첫째 아들이 나라고? 잔치에 참여하지 않고 분을 내며 밖에서 씩씩대고 있는 사람이 정말 나라고?"

유진 피터슨의 해석에 심취하다 보니 이번 장은 서두 부분에서 이미 결론을 제시하게 되었다. 때로는 미괄식보다는 서두에서 결론을 제시하고 시작하는 두괄식 기법도 참신할 수 있다. 이번 장에서는 이러한 결론을 염두에 두고 누가복음 15장 스토리의 핵심 교훈이 담겨 있는 '첫째 아들의 스토리'를 역추적해 보고자 한다.

온 동네를 떠들썩하게 한 성대한 잔치를 왜 첫째 아들만 몰랐을까?

지금까지의 스토리 전개에서 첫째 아들은 아직까지 자신의 존재감을 드러내지 않고 있었다. 하지만 우리는 이미 5장에서 침묵 속에 가려진 첫째 아들의 무서운 탐욕을 살펴본 바 있다. 마침내 때가 되자 첫째 아들은 무대의 전면에 등장해 자신만의 목소리를 힘껏 내기 시작한다. 그리고 멋지게 포장되어 있던 자신의 숨겨진 진짜 모습을 드러내고야 만다.

예수님은 첫째 아들의 본격적인 등장을 이렇게 묘사하고 있다.

> "맏아들은 밭에 있다가 돌아와 집에 가까이 왔을 때에 풍악과 춤추는 소리를 듣고"(눅 15:25).

온 동네를 떠들썩하게 하던 잔치가 한창 무르익을 때까지 첫째 아들 혼자만 이 사실을 모른 채 온종일 밭에서 일하고 있었다. 우리는 이러한 정황을 통해서 두 가지 사실을 유추해 낼 수 있다.

첫째, 비유 속의 아버지가 우리가 상상하는 것보다 훨씬 부자라는 사실이다. 살진 송아지를 잡을 정도로 성대하게 열린 이 잔치에 대한 소문은 삽시간에 온 동네 사람들에게 퍼져 나갔을 것이다. 그런데 이 소식을 첫째 아들만 모르고 있다. 이러한 상황은 첫째 아들이 잔치 소식을 듣지 못할 정도로 멀리 떨어진 곳에서 일하다가 왔고, 그의 아버지는 거대한 토지를 소유한 대지주임을 시사한다. 첫째 아들은 아마도 밖에서 하루 종일 하인들을 감독하지 않았을까 싶다. 엄청난 재력을 가진 대지주의 장남이 직접 손에 흙을 묻히며 일하지는 않았을 것이기 때문이다.

둘째, 온 동네 사람들이 다 아는 잔치 소식을 첫째 아들 혼자만 모르고 있는 현재 상황이 대단히 충격적이라는 것이다. 언뜻 보면 첫째 아들의 우직한

성실성이 돋보이는 구절이지만, 여기에는 우리가 반드시 간파해야 할 충격적인 사실이 숨어 있다. 첫째 아들은 어떻게 동생이 돌아온 것과 잔치 소식을 듣지 못한 것일까? 게다가 이 잔치는 살진 송아지 한 마리를 통째로 잡을 정도로 온 동네 사람들이 초청된 성대한 잔치가 아니던가!

정상적인 상황이라면 가정의 장남인 그가 동생의 귀환을 축하하는 환영 잔치의 준비위원장으로 섬기는 게 마땅하다. 그런데 첫째 아들이 등장하기도 전에 잔치 분위기는 이미 무르익을 대로 무르익어 있었다. 그때까지도 첫째 아들은 아무것도 모른 채 열외되어 있었다. 아버지는 왜 첫째 아들에게 동생이 돌아온 것을 알리지 않았을까? 심지어 하인들까지 주인댁 도련님인 첫째 아들에게 왜 아무런 기별을 하지 않았을까?

이것은 분명 정상적인 상황이 아니다. 이 상황을 제대로 이해하지 못한다면 우리는 첫째 아들이 뒷부분에서 아버지를 향해 쏟아붓는 분노에 대해 잘못된 해석을 하게 된다. 자칫 첫째 아들의 입장만 십분 이해하고 아버지를 정죄할 수 있다. 하지만 이런 이해는 누가복음 15장 전체를 통해 예수님이 전하시고자 한 핵심과 메시지에서 한참 벗어난 것이다.

그렇다면 아버지는 왜 동생의 귀향과 온 동네를 떠들썩하게 한 잔치를 첫째 아들에게 알리지 않았을까? 이 중요한 질문을 위해 우리는 '유추'를 통해 해답의 실마리를 찾고자 한다.

첫째 아들은 동생과 달리 눈에 띄게 무엇을 잘못한 적이 없는 아들, 규칙을 잘 지키는 아들, 아버지의 농장에서 소처럼 성실히 일하는 아들이었다. 하지만 첫째 아들의 소문난 성실성과 순종은 단지 시늉에 불과했고 자신이 최종적으로 원하는 것을 얻기 위한 수단에 불과했다. 즉 아버지의 재산을 최종적으로 인수함으로써 얻게 될 부와 마을 어른들의 인정과 지지 그리고 명예를 추구한 것이다.

아버지는 이러한 첫째 아들의 진짜 모습을 누구보다도 잘 알았을 것이다. 첫째 아들도 마을 어른들은 속일 수 있을지 몰라도 늘 곁에서 지켜보는 아버지만큼은 속일 수 없었을 것이다. 특히 둘째 아들이 유산을 요구하며 집안을 풍비박산 내던 상황에서 보여 준 첫째 아들의 행동은 결정적이었다. 그는 장자의 책무를 외면한 채 침묵으로 일관하며 결국은 장자에게 돌아올 두 배의 유산만을 조용하게 그리고 뻔뻔스럽게 챙기지 않았던가?

이런 상황에서 아버지는 둘째가 돌아온 것을 첫째 아들에게 알렸을 때, 그가 어떤 반응을 보이리라는 것을 어느 정도 예견했을 것이다. 평소에도 동생을 그다지 사랑하지 않았고 관계도 좋지 않던 첫째 아들이었다. 아버지는 첫째 아들의 속마음에 탐욕이 가득하고 늘 부루퉁한 비뚤어진 성격을 잘 알고 있었다.

첫째 아들의 진짜 모습을 잘 알고 있던 아버지는 아마도 잔치 준비 과정에서 첫째 아들이 심각한 장애물이 될 것을 염려하지 않았을까 싶다. 차라리 잔치가 한창 무르익은 후에 첫째 아들이 나타나는 것이 첫째를 위해서나 잔치를 위해서나 더 좋다고 판단했을 것이다. 잔치 분위기가 한창 무르익은 상황에서는 첫째 아들도 잔치의 흥겨운 판을 깨는 무모한 돌출 행동을 하지 못할 거라고 생각했을 것이다. 하인들조차 맏아들에게 알리지 않은 것을 보면 아버지의 특별한 지시가 있었을 것이다.

원래 첫째 아들이 책임지고 준비해야 할 잔치에서 아버지는 직접 연회장을 맡으며 혹시라도 생길지 모를 첫째 아들의 변수까지 고려하는 세심함을 보여 주었다. 이는 언뜻 보면 첫째 아들을 배제하고 무시한 것처럼 보이지만, 그 속내를 깊이 이해한다면 첫째 아들을 위한 것임을 알 수 있다. 하지만 아버지의 이런 세심한 배려와 준비도 첫째 아들이 예상보다 훨씬 세고 폭발적인 반응을 보임으로써 완전히 망치게 된다.

폭풍 분노: 동생의 귀향을 접한 형의 최초 반응

첫째 아들은 밭에서 온종일 일을 하다가 집에 가까이 이를 즈음에서야 소고기 바비큐의 구수한 냄새가 코를 찌르고 즐거운 풍악 소리가 귓가에 맴도는 범상치 않은 상황에 직면했다. 첫째 아들은 자기 마을에서 엄청난 규모의 잔치가 벌어지고 있음을 알았다. 그런데 소고기 바비큐의 연기가 올라오는 곳을 보니 다름 아닌 자기 집이 아닌가?

첫째 아들의 머릿속에는 순간 여러 생각들이 스쳐 지나갔다. 그리고 직감적으로 집을 나간 동생이 돌아온 것이 아닐까 하는 불길한(?) 예감에 사로잡혔다. 첫째 아들은 아버지가 철부지인 동생을 얼마나 끔찍이 사랑하는지, 그리고 동생이 집을 나간 후로 아버지가 날마다 지붕과 포도원 망대에 올라가 얼마나 애타게 기다려 왔는지를 잘 알고 있었다. 동생 때문에 아버지가 얼마나 애를 태웠는지 잘 알고 있던 첫째 아들은 자기 집에서 이토록 성대한 잔치가 벌어졌다면 그 이유는 단 하나, 즉 동생의 귀향밖에 없다고 잠정적인 결론을 내렸다.

첫째 아들은 한 종에게 자초지종을 캐물었다.

"한 종을 불러 이 무슨 일인가 물은대"(눅 15:26).

여기서 '종'으로 번역된 헬라어 원어는 '파이스'(παῖς)로서 사춘기를 넘기지 않은 소년 노예를 가리킨다. 이 종은 아마도 주인집에 딸린 하인들끼리 결혼하여 이룬 가정에서 태어난 아이로 보인다. 이렇게 나이가 어린 종들은 성대한 잔치를 준비하고 배설한 상황에서 오히려 거치적거리기 때문에 바깥에 나가 뛰놀고 있었을 것이다.

아무튼 첫째 아들이 제일 먼저 맞닥뜨린 그룹은 잔치석상 외곽에서 서성거리는 소년 노예들이었다. 첫째 아들은 뛰노는 종들 가운데 하나를 붙잡아 집 안에서 벌어지고 있는 잔치에 대해서 물었다. 여기서 '물었다'에 사용된 헬라어 동사는 불완전 시제인데, 이것은 '반복된' 행동을 나타낸다. 이것은 첫째 아들이 나이 어린 종을 붙잡아 잔치에 대해 똑같은 질문을 계속해서 되묻고 있는 상황을 연상시킨다. 하지만 아무리 꼬치꼬치 따져 물어도 철없는 어린 종들의 입에서는 천진난만한 대답이 돌아올 뿐이었다.

"대답하되 당신의 동생이 돌아왔으매 당신의 아버지가 건강한 그를 다시 맞아들이게 됨으로 인하여 살진 송아지를 잡았나이다 하니"(눅 15:27).

　　상황 파악을 못한 어린 종은 자신의 첫째 도련님도 둘째 도련님의 귀향을
함께 기뻐할 줄로 생각한 듯하다. 이 종은 감격에 겨운 나머지 둘째 도련님이
'건강한 몸'으로 돌아왔다면서 부연설명까지 하고 있다.

　　종의 대답을 듣고 첫째 아들은 최소한 동생의 무사귀향에 대해 안도감이
라도 표현하는 것이 마땅했다. 아니면 망나니처럼 집을 나간 동생이 얼마나

열린다 비유
돌아온 탕자 이야기

철이 들어 돌아왔는지 궁금해 하기라도 해야 했다. 하지만 동생의 귀향 소식을 들었을 때 첫째 아들이 보인 반응은 다름 아닌 분노였다. 그것도 단순한 분노가 아니었다. 오랜 동안 마음속에서 삭여 오던 것을 한꺼번에 터뜨리듯 매우 비이성적이고 비정상적으로 폭발하는 분노였다. '폭풍 분노'란 말은 아마도 이럴 때 사용하는 말일 것이다.

첫째 아들은 심지어 집 안에 들어가는 것도 거부한 채 아버지가 집 밖으로 나와 첫째 아들을 다독이고 타이를 때까지 집 밖에서 버텼다. 첫째 아들의 반응은 아버지가 예상한 것보다 훨씬 더 심각했던 것이다. 아버지는 첫째 아들이 둘째의 귀향을 그다지 탐탁지 않게 여기리라고는 예상했지만, 한창 무르익어 가는 잔치 분위기에 찬물을 끼얹는 돌출 행동을 하리라고는 생각지 않았을 것이다.

"그가 노하여 들어가고자 하지 아니하거늘 아버지가 나와서 권한대"(눅 15:28).

무엇이 그토록 첫째 아들을 화나게 했을까?

첫째 아들의 입장을 어느 정도 두둔하던 사람도 첫째 아들이 보인 분노는 도가 지나치다는 것에 동의할 것이다. 첫째 아들이 이토록 분노하고 있는 진짜 이유는 무엇일까? 우리는 어르고 달래고 타이르는 아버지를 향해 거침없이 쏟아붓는 첫째 아들의 항변을 통해 그 이유를 파악할 수 있다. 아울러 겉보기에 '바른 생활 사나이'로 보이던 첫째 아들의 내면을 사로잡고 있던 문제가 무엇이었는지도 진단할 수 있다.

> "아버지께 대답하여 이르되 내가 여러 해 아버지를 섬겨 명을 어김이 없거늘 내게는 염소 새끼라도 주어 나와 내 벗으로 즐기게 하신 일이 없더니 아버지의 살림을 창녀들과 함께 삼켜 버린 이 아들이 돌아오매 이를 위하여 살진 송아지를 잡으셨나이다"(눅 15:29-30).

이 말은 비유의 스토리에서 첫째 아들의 입에서 나온 처음이자 마지막 대사다. 첫째 아들은 마치 활화산이 마그마를 뿜어내듯 폭풍 분노를 보이고 있다. '취중진담'이란 말이 있듯이 이성을 잃고 분노 중에 마구 뱉어 낸 그의 말들 속에는 첫째 아들의 진짜 성격, 즉 진면목을 보여 주는 단서들이 드러난다.

첫째 아들은 남을 의식하며 점잖 빼는 얼굴을 유지하려고 부단히 애를 썼지만, 이 말들로 인해 평소 그가 내면에 무슨 생각을 채우며 살아왔는지 백일하에 드러났다. 한껏 부풀어 오른 풍선이 아주 조그만 자극에도 펑 터져 버리듯, 임계점에 이르자 첫째 아들은 그동안 억눌려 온 분노를 한꺼번에 폭발시키고 있다.

그의 분노를 듣고 있노라면 어떻게 그렇게 많은 불만과 적대감을 품고 오랜 시간을 버틸 수 있었을까 하는 생각이 든다. 그래서 첫째 아들이 더욱 안

타깝다. 분노 중에 뱉어 낸 말들로 드러난 첫째 아들의 문제점은 과연 무엇일까?

동생에 대한 적대감

첫째, 동생에 대한 적대감이다. 탕자인 둘째 아들은 비유의 스토리만을 놓고 본다면 그에게 하나뿐인 동생인 것으로 보인다. 첫째 아들은 하나밖에 없는 동생과도 그다지 끈끈한 유대관계가 없었던 것 같다. 첫째 아들은 돌아온 동생을 가리켜 아버지 앞에서 '내 동생'이 아니라 '이 아들', 즉 '당신의 아들' (this son of yours, NIV)로 표현하고 있다. 아버지에게는 아들일지 몰라도 자신과는 아무런 상관도 없는 사람이라는 것이다.

아울러 첫째 아들은 의도적으로 탕자가 먼 나라에서 지었을 법한 죄악들을 하나씩 들추어내고 있다. 이미 종을 통해 아버지가 동생의 죄악을 완전히 용서했음을 들어서 잘 알고 있는 그였다. 하지만 첫째 아들은 생생하게 그것도 아주 디채로운 언어를 사용해 가며 동생의 죄악을 폭로하고 있다.

여기에는 어느 정도 자신만의 상상력도 동원되고 있는데, 비유의 스토리만을 놓고 본다면 탕자가 유산을 '창기와 함께 말아먹었다'는 내용은 분명치 않다. 평소 동생에게 무관심하던 그가 먼 나라에서 지내는 동생의 안부가 궁금해 애써 수소문했을 것 같지는 않다.

첫째 아들이 줄줄이 언급한 동생의 죄악들은 율법에 의하면 돌에 맞아 죽어야 마땅한 심각한 것들이었다. 첫째 아들은 아버지가 용서한 동생의 죄악들을 다시금 들추어냄으로써 마치 '동생이 죽었으면 좋겠다'는 말을 교묘하게 에둘러서 말하고 있는 것이다. 그는 가정의 장남으로서 동생에게 좋은 모델이 되어야 했다. 하지만 그는 쌀쌀맞고 사악하고 지독한 형이었던 것 같다. 또한 그는 동생이 유산을 챙겨서 집을 나갈 때도 내심 흐뭇해하지 않았을까 싶다.

아버지에 대한 적대감

언뜻 보기에 동생에 대한 불만과 적대감을 표출하는 듯하지만 첫째의 발언을 찬찬히 살펴보면 그 최종적인 타깃이 아버지를 향하고 있음을 알 수 있다. 우리말 성경에는 나타나 있지 않지만 헬라어 원어에는 첫째가 아버지에 대한 항변을 이렇게 시작하고 있는 것을 알 수 있다.

"보십시오"(이두, ἰδου).

이런 식의 표현은 길에서 처음 마주치는 아무개를 부를 때나 사용된다. 이런 호칭을 아버지에게 함부로 사용하는 것을 볼 때, 첫째 아들은 아버지에 대한 최소한의 공경심과 예의도 없었던 것 같다. 그것도 온 동네 사람들이 모여 있는 잔치석상을 뒤로하고 소리를 버럭버럭 지르며 자기의 아버지를 완전히 욕보이고 있는 것이다.

"보십시오! 이봐요"(Be hold!).

이어지는 첫째 아들의 항변은 그가 아버지와 '부모 자식지간'이라고 하는 정상적인 관계를 맺지 못했음을 여실히 보여 주고 있다.

"내가 여러 해 아버지를 섬겨 명을 어김이 없거늘."

첫째 아들이 여기서 사용하고 있는 '섬겼다'는 말은 헬라어 원어에 '둘류오'(δουλεύω)로 되어 있는데, 이것은 '종'을 의미하는 '둘로스'(δοῦλος)에서 파생된 동사다. 첫째 아들은 지금까지 '아들'이 아니라 '종'으로서 자신의 아버지를 섬겨 온 것이다. 첫째 아들은 자원하는 마음과 기쁨이 아닌 강박관념을 갖고 아버지 집에서 비참한 종살이를 해온 것이다.

첫째 아들이 아버지 집에서 꾸역꾸역 종살이 생활을 버틴 것은 그에게 한 가지 분명한 목표가 있었기 때문이다. 그것은 바로 아버지가 죽으면 자신에게 고스란히 돌아오게 될 유산이었을 것이다.

첫째 아들이 동생과 달랐던 것은 단지 유산을 받아 내는 방식뿐이었다. 첫째 아들도 동생만큼 아버지의 유산이 탐났지만 그에게는 동생에게 있는 무모함과 담대함, 그리고 집을 뛰쳐나갈 만큼의 두둑한 배짱이 없었다. 첫째 아들은 동생이 깔아 준 밥상에 기대 조용히 자신에게 돌아올 두 배의 유산을 챙겼다. 그리고 동생처럼 유산을 즉시 현금화해서 자신이 계획을 실행에 옮기는 대신, 집 안에서 꾸역꾸역 버티며 아버지가 돌아가실 날만을 손꼽아 기다리고 있었던 것이다.

율법주의적 자세, 그로 인해 파생된 심리적인 문제들

첫째 아들이 아버지에게 항변하면서 토로한 첫 문장은 동생이 집으로 돌아온 후에 아버지 앞에서 고백하던 그것과 확연한 대조를 이룬다.

"아버지여, 내가 하늘과 아버지께 죄를 지었습니다."
"보십시오, 내가 여러 해 동안 아버지를 섬겼고 한 번도 명을 어긴 적이 없습니다."

아버지에 대한 첫째 아들의 자세는 한마디로 율법주의적 자세의 전형을 보여 준다. 율법적인 사람의 특징은 기쁨이 없고 종과 같은 강박관념에 사로잡혀 있다는 것이다. 이런 사람들에게 나타나는 몇 가지 심리현상이 있다.

첫째, 철저한 자기기만과 착각이라는 중병을 앓고 있다.

아버지의 명을 한 번도 어긴 적이 없다고 말한 첫째 아들의 항변은 영생을 얻기 위해 예수님께 찾아온 부자 청년의 대답을 연상시킨다.

"그 청년이 이르되 이 모든 것을 내가 지키었사온대 아직도 무엇이 부족하니이까"(마 19:20).

율법을 아무리 잘 지키는 사람도 하나님 앞에서 감히 "내가 모든 것을 다 지켰습니다"라고 당당히 말할 수 있는 사람은 없다. 이렇게 말할 수 있는 당당함은 자기기만과 착각에서 비롯된 것일 뿐이다.

둘째, 남과의 비교의식으로 인해 뼈가 썩는 심적 고통을 겪는다. 첫째 아들의 항변을 보면 그가 평소 동생과의 비교의식에 시달려 왔음을 알 수 있다.

"내게는 염소 새끼라도 주어 나와 내 벗으로 즐기게 하신 일이 없더니 아버지의 살림을 창녀들과 함께 삼켜 버린 이 아들이 돌아오매 이를 위하여 살진 송아지를 잡으셨나이다"(눅 15:29-30).

하지만 동생과 자신을 비교한 첫째 아들의 항변은 실제 사실과 거리가 멀다. 아버지는 이미 첫째 아들에게 유산을 나누어 주었기 때문에, 그는 처분권을 제외하고 완전한 소유권을 행사할 수 있었다. 그는 얼마든지 염소 새끼를 잡아 잔치를 베풀 수 있었지만, 이를 실행에 옮기지 못한 것은 그가 아들이 아닌 종의 신분으로 섬기는 강박관념 때문이었다.

셋째, 탐욕에 붙들려 산다. 율법주의자들은 하나님이 넘치도록 부어 주시는 은혜의 세계를 알지 못하기 때문에 늘 자기 것만 끝없이 쌓고 챙기려는 탐욕의 유혹에서 벗어나지 못한다. 첫째 아들의 폭풍 분노도 가만히 핵심을 들여다보면 그 내면에 자리 잡고 있는 탐욕이 주된 원인임을 알 수 있다. 첫째 아들은 아버지가 죽으면 자신에게 돌아올 재산을 버리지만도 못한 탕자가 돌이와 무분별하게 낭비하는 상황을 도저히 받아들일 수 없었던 것이다. 동생의 귀향과 그로 인한 성대한 잔치의 배설은 탐욕에 눈이 먼 첫째 아들로서는 단지 자기 소유의 재산이 심각하게 훼손된 것으로밖에 보이지 않았을 것이다.

넷째, 자기가 만든 좁은 세계 안에 갇혀서 살아간다. 탕자인 동생이 유산을 당장 현금화해서 자신의 계획을 실행에 옮겼듯이, 첫째 아들도 지금 당장은 실천에 옮기지 못하지만 아버지가 돌아가시면 이것저것 해보고 싶은 계획과 욕심들이 있었다. 첫째 아들의 계획은 아버지를 향한 항변 중에 불쑥 튀어 나왔는데, 그것은 염소 새끼를 잡아 자신의 친구들과 함께 잔치를 배설하는 것이었다.

그런데 아쉽게도 첫째 아들이 계획한 잔치에는 자기와 뜻이 맞는 몇몇 친구들만 있을 뿐, 자기 동생도, 심지어 아버지도 들어갈 자리가 없었다. 첫째 아들은 몸은 아버지 집에서 살고 있지만 그의 머릿속은 전혀 딴 세상에서 살고 있었던 것이다.

바리새인에 대한 신랄한 고발: 예수님 버전의 'PD 수첩'

첫째 아들의 항변은 속사포와 같이 쉼 없이 쏟아부어졌다. 둘째 아들 때문에 오랫동안 속을 끓여 온 아버지는 이제 새롭게 등장한 반항적인 아들을 다루어야 했다. 극도의 위선적인 삶을 살아오다 한꺼번에 터져 버린 첫째 아들의 억눌린 분노는 아버지로서도 무척이나 감당하기 힘들었을 것이다. 게다가 첫째 아들은 온 동네 사람들이 모인 잔치석상을 뒤로한 채 아버지에게 공개적으로 면박하며 모욕을 주고 있다. 아버지는 얼마든지 자신의 가부장적 권위를 사용할 수 있었지만, 둘째 아들에게 그랬던 것처럼 첫째 아들을 타이르고 있다.

"아버지가 이르되 얘 너는 항상 나와 함께 있으니 내 것이 다 네 것으로

되"(눅 15:31).

아버지에 대한 호칭도 없이 '보십시오!'라는 말로 항변을 시작한 아들에게 아버지는 '얘야!'라는 따뜻한 호칭을 사용하며 다독이고 있다. 비유에서 '아들'(휘오스, υἱός)이란 단어는 8번이나 사용되고 있지만, 아버지가 흥분한 첫째 아들을 향해 부르는 '얘야!'(테크논, τέκνον)라는 호칭은 이곳에 처음 등장한다. '얘야!'(my dear child)라는 호칭은 친밀감과 애정을 담고 있다. 아울러 이 호칭에는 첫째 아들로 인한 아버지의 고뇌와 슬픔, 연민 어린 사랑과 자비가 물씬 배어 있다.

첫째 아들은 분명 아버지를 거스르는 방식에서 둘째 아들과는 다른, 새로운 유형의 반항아였다. 아버지 입장에서라면 탕자 스타일(둘째 아들)이 위선자 스타일(첫째 아들)보다 훨씬 참고 품어 주기 쉬울 것이다.

자신을 종으로 여긴 첫째 아들을 향해 아버지는 자상한 말투로 '얘야'라고 부르고 있다. 그리고 계속해서 '내가 가지고 있는 것이 모두 네 것이 아니냐'라는 말로 아버지 집의 모든 재산이 첫째 아들에게 있음을 재차 확인시키고 있다. 아버지는 마지막으로 성대한 잔치를 배설한 이유에 대해 설명하며 첫째 아들도 이 잔치에 동참해 줄 것을 간곡히 권하고 있다.

"이 네 동생은 죽었다가 살아났으며 내가 잃었다가 얻었기로 우리가 즐거워하고 기뻐하는 것이 마땅하다 하니라"(눅 15:32).

아버지의 간청은 '잃어버린 자(죄인)를 다시 찾고 그것을 모두가 함께 기뻐하는 것', 즉 누가복음 15장 전체의 주제를 반복하고 있다. 한 사람의 영혼이 죽었다가 다시 살아나는 것만큼 더 소중한 것이 또 있을까? 또한 우리 인생에서 이것만큼 기쁨과 즐거움을 주는 빅 이벤트가 또 있을까? 아버지는 이 마지막 간청을 통해 분노에 차 씩씩대는 첫째 아들도 잔치에 동참해 줄 것을 권하고 있다.

"너도 이 잔치에 들어오렴, 우리 함께 동생의 무사귀환을 즐거워하자꾸나!"

그러면 첫째 아들은 아버지의 간절한 요청을 듣고 잔치에 참여했을까? 아쉽게도 우리는 첫째 아들과 관련된 이후의 스토리는 알지 못한다. 예수님께서 그에 대한 해답을 미룬 채 오픈 퀘스천으로 남겨 두셨기 때문이다.

어찌되었든 공은 이제 첫째 아들의 코트로 넘어왔다. 아버지의 간청이 잔잔하게 메아리 치면서 '돌아온 탕자의 비유'로 불리는 스토리는 서서히 그 웅장한 막을 내린다. 그리고 내려가는 막의 저 뒤편에서는 양측의 모습이 뚜렷한 대조를 보이며 청중의 눈에 아른거린다. 한쪽에서는 밤을 대낮처럼 밝힌 환한 불빛 아래서 음악과 춤이 곁들여진 떠들썩한 향연이 벌어지고 있다. 한편, 반대쪽에서는 집 안에 들어오지도 못한 채 캄캄한 밤하늘의 별빛 밑에서 씩씩대며 분을 이기지 못하고 이를 가는 첫째 아들이 있다. 놀라운 구원의 잔치에서 오로지 첫째 아들만 소외된 채 잃어버린 최후의 영혼으로 남은 것이다.

무대의 막이 그렇게 천천히 내려갈 즈음에서야 바리새인과 서기관들은 사태를 파악했다. 예수님이 말씀하시는 비유의 스토리 속에서 그 첫째 아들이 곧 자신들임을 눈치챈 것이다. 완악할 대로 완악한 이들의 눈을 뜨게 해준

열린다 비유
돌아온 탕자 이야기

결정타는, 물론 그때까지도 화가 나서 이를 부득부득 갈며 잔치에 참여하기를 거절하는 첫째 아들의 표정이었다. 그 표정은 누가 보아도 흉측하고 거북스러웠다. 바리새인과 서기관들은 첫째 아들의 표정에서 자신들의 모습을 발견하게 된 것이다.

죄인들과 함께 먹고 마시는 예수님을 향해 불평하던 바리새인과 서기관들에게 예수님은 이렇게 멋지고 통렬한 응수를 하셨다. 몇 겹으로 둘러싸여서

웬만해서는 드러날 것 같지 않던 이들의 위선과 교만도 발가벗겨지고 백일하에 폭로되는 순간이었다. 이것이 바로 비유의 스토리를 통해 예수님이 기획하고 감독하신 예수님 버전의 'PD 수첩'이요, '그것이 알고 싶다' 프로그램이다.

'돌아온 탕자의 비유'는 예수님의 비유 중 가장 긴 형태를 띠고 있다. 이 스토리는 중간 중간에 사람들의 예상을 완전히 뒤집는 극적인 반전이 거듭되고 있다. 줄거리의 반전이 나타날 때마다 바리새인과 서기관들은 자신들의 종교관과 윤리관의 잣대를 가지고 조목조목 판단을 내리고 있었다. 이들은 스토리 밖에 서서 비유에 등장하는 캐릭터들을 모두 판단하고 있었다. 심지어 예수님도 이들의 판단 리스트에 올라가 있었다. 하지만 무대의 막이 내려갈 즈음에서야 그들은 자신들이 그 판단의 최종 타깃이었음을 알게 된 것이다.

·

자신을 돌아보게 하는 내면 여행

'돌아온 탕자의 비유'는 그동안 탕자의 극적인 회심 과정에만 포커스를 맞추는 바람에 둘째 아들의 존재감만 지나치게 부각되었고, 그로 인해 비유의 해석에 있어서 오류 아닌 오류를 범해 왔다. 둘째 아들에게만 초점을 맞추는 시각은 분명 예수님이 이 비유를 통해 전달하고자 하신 교훈과 메시지에서 벗어나게 되는 필연적인 결과를 초래한다.

나는 《열린다 비유—돌아온 탕자 이야기》를 다루면서 비유에 등장하는 세

명의 캐릭터, 즉 아버지, 첫째 아들, 둘째 아들 이야기를 균등하게 안배하려고 노력했다. 그것만이 예수님께서 각각의 독특한 캐릭터들을 통해 보여 주시고 자 한 하나님 나라가 잘 드러나리라 확신했기 때문이다.

첫째 아들과 둘째 아들은 이 세상에 존재하는 두 가지 유형의 탕자를 대표 한다. 많은 사람들은 둘째 아들처럼 하나님의 참된 성품을 오해하기 때문에 최대한 그분으로부터 멀리 달아나 자기의 뜻과 계획대로 살아가기를 원한다. 한편 다른 부류에 속한 적지 않은 사람들은 첫째 아들처럼 하나님을 종교 생 활로 섬기며 그분의 인정을 받으려고 노력하지만 그분의 커다란 사랑을 오 해한다. 이들은 유형만 다르다뿐이지 모두 하나님의 은혜와 긍휼이 필요한 '탕자'들이다.

그러면 나는 어떤 유형의 탕자에 속할까? 많은 예수님의 비유들이 모두 그 렇듯이 '돌아온 탕자의 비유'도 자신의 내면을 탐색하도록 하는 진지한 여행 으로 우리를 인도한다. 우리가 거부할 수 없는 확실한 진리는 우리가 천국에 가서 하나님 아버지의 품에 안길 때까지 이 땅에서 살면서 원하든 원하지 않 든 두 유형의 탕자 중 어느 하나에 속할 수밖에 없다는 사실이다. 하나의 진 리를 더 추가한다면 두 유형의 탕자 가운데 첫째 아들 유형의 탕자가 훨씬 하나님 아버지에게로 돌이키기가 힘들다는 것이다.

현대의 교회 안에 첫째 유형의 탕자들이 많다는 사실은 참으로 안타까운 일이다. 그들을 향한 새로운 기름부으심이 필요하다. 새로운 거듭남이 필요 하다. 그것이 아마도 '돌아온 탕자의 비유'를 통해 예수님이 현대의 성경 독자 들에게 호소하는 메시지가 아닐까?

참고도서

《비유로 말하라》, 유진 피터슨 지음, 양혜원 옮김, 한국기독학생회출판부, 2008.

《아랍인의 의식 구조》, 사니아 하마디 지음, 손영호 옮김, 큰산, 2000.

《예수가 말하고 싶었던 탕자 이야기》, 존 맥아더 지음, 임종원 옮김, 위즈덤로드, 2010

《예수 시대의 예루살렘》, 요아킴 예레미야스 지음, 한국신학연구소, 1992.

《예수에게 솔직히》, 로버트 펑크 지음, 김준우 옮김, 한국기독교연구소, 2006.

《예수의 비유》, 요아킴 예레미야스, 허혁 옮김, 분도출판사, 1974.

《예수의 비유 다시 보기》, 김흥규 지음, 프리칭아카데미, 2009.

《예수의 비유 새로 듣기》, 버나드 브랜든 스캇 지음, 김기석 옮김, 한국기독교연구소, 2006.

《예수께서 가라사대》, 윌리엄 바클레이 지음, 양길영 옮김, 쿰란출판사, 2008.

《요세푸스》, 요세푸스 지음, 김지찬 옮김, 생명의말씀사, 1987.

《유대 문화를 통해 본 예수의 비유》, 이진희 지음, 쿰란출판사, 2001.

《초대교회 배경사》, 에버렛 퍼거슨 지음, 박경범 옮김, 은성, 1993.

Brad H. Young, *Jesus the Jewish Theologian*, Hendrickson Publishers, 2007.

Brad H. Young, *The Parables*, Hendrickson Publishers, 2008.

David Noel Freedman, T*he Anchor Bible Dictionary*, Doubleday, 1992.

David H. Stern, *Jewish New Testament Commentary*, JNTP, 1992.

Gary M. Burge, *Jesus the Middle Eastern Storyteller*, Zondervan, 2009.

James W Fleming, *The parables of Jessus*, Biblical Resources,, 2002.

Kenneth E. Bailey, *Poet & Peasant*, Wm. B. Eerdmans Publishing, 1983.

Kenneth E. Bailey, *Jesus through Middle Eastern Eyes*, IVP Academic, 2008.

Klyne R. Snodgrass, *Stories with Intent*, Wm. B. Eerdmans Publishing, 2008.